用情緒療癒卡
喚醒拯救自己的
內在力量

投射潛意識，聚焦情緒，
重新遇見自己的 10 道指引

陳盈君———著

推薦序

愛自己，不該那麼難！

認識盈君，是在風風雨雨的二〇二一年最幸運的事情之一。

第一次見到盈君，起源於一個我稱之為「神農嚐百草」的計畫。這是步入半百的我，在喊了十年要找到自己喜歡的事物，卻什麼也沒有做的一念之間的發願。那時候決定只要對某件事物感到有點好奇的起心動念，就放在我的體驗單中嘗試看看。能持續多久，喜愛多久都是緣分，不可強求。而 OH 卡正是在這個時期，莫名其妙地進入了我百百試的名單中，並且在短暫接觸之後，有了更深入了解的慾望。於是我特意尋找，終於找到了 OH 卡在台灣的推廣者，並且是擁有正統諮商心理師經歷的陳盈君老師。

作為有將近三十年經歷的人力資源工作者，我知道有名氣的講師不一定是最適合自己的老師。所以藉著當時 OH 卡新出的「因由卡」一日體驗課程，人生第一次出於自由意志跑到異地（台中啦！）去參加非工作相關的課程。認識我的人都覺得太神奇了，這完全不是本人會做的事情啊！但正因為這不是我本來會做的事情，所以之後才會有機會跟著盈君開始了自我覺察和療癒的奇幻旅程。

從 OH 卡、情緒療癒卡、諮商塔羅、十三月亮曆，到原型卡七十四個靈魂契約等，盈君教學的定位和我學習的定位一直都很清楚，就是利用不同的工具，在當下共時，得到啟發和提醒。幫助自

己以及他人往靈魂的深處慢慢挖掘，慢慢體會，慢慢清醒，然後一步一步發覺愛自己的能力。

如果要說盈君開的課、寫的書有什麼讓我最感動的地方，就是她的不帶評斷，單刀直入，讓人無處可躲地敞開了起來。溫暖而走心，支持而不倚賴，讓每個人找到自己愛的力量，能夠在生活上久久長長的實踐和經歷。

而這次盈君終於決定把她二〇一八年的「情緒療癒卡」出書，讓更多人能夠接觸這樣一套在地化的圖像與文字結合的工具。閱讀這本書，絕對不單單只是一本牌卡使用說明書，而是充分運用心理學大師榮格的「共時性」，相信「所有事都是有意義的巧合」，以抽取圖卡和字卡來連結探索自己或個案的內心。而在章節的鋪陳中更是把心理諮商的技巧用更接地氣的方式，巧妙地融合在每一個步驟之中。「照著做，常常照著做，天天照著做」。在這一步一步之中養成自我對話的習慣，甚或能夠變成助人的工具。

在這許多章節當中，我最喜歡的一章就是「與自己相遇」。細細想來，在生命的旅程當中，我們經常希望別人理解自己，同理自己，遇到懂我的人。殊不知，應該最懂自己，最理解自己，最愛自己的人，可不就是自己嗎？我想問：「你，懂自己嗎？」我並不是太懂，但是跟著盈君在挖掘的過程中，似乎慢慢看見自己隱藏得很好的外衣，一層層被卸下。心裡那個不全然熟悉的自己，漸漸地顯露出來。於是我開始想，人人祈求靈魂伴侶的到來，還不如好好地與

自己連結，相知相愛。與自己好好相遇。

從「你好！來聊聊好嗎？」開始，漸漸蛻變成一個愛自己的自己。走在這個與自己相遇的路上，相信定能幫助許多人探索自己，與自己對話，並更容易踏上療癒和愛上自己的旅程。

本來，愛自己，就不應該那麼難！
不是嗎？

陸文秀（Genevieve Lu）
2022.04.10 寫於台北市
中磊電子股份有限公司人力資源暨組織發展副總經理
蓋洛普優勢全球認證教練
前 Yahoo! 亞太區人力資源資深總監

推薦序

唯有臣服，才能看見
每個投射，都是幸福

　　潛意識投射卡之所以美好，是帶著我們「看見每個當下的自己」，隨著心去接收牌卡給予的訊息，若說「牌卡」是一道門，那「我們」就是那把開啟門的鑰匙。

　　多年前，因緣際會進到左西、第一堂課就是盈君老師的OH卡課程，讓我初探牌卡的世界，開啟身心靈學習的源頭，也讓我對潛意識投射卡就此深深著迷，爲我的生命注入很多養份，這眞的是我人生中十分珍貴的際遇。

　　深信是盈君老師的一份「愛」，讓這本新書孕育而生，依循老師那有溫度的字裡行間、藉由情緒療癒卡的指引投射，能按圖索驥找到回家的路，那條名爲「自己」的路，著實溫暖又幸福，我自己是帶著深切的感動閱讀完這本書的。每看完書中一個章節，猶如又尋覓到一片拼圖一般，每個章節都帶給我不同的發現：

　　第一章「療癒自我」，牌卡是媒介、自己才是生命的核心；第二章「安住身心」，自我調頻的字字句句可以當成支持內心的能量，準備好才能走得遠；第三章「實用技巧」，牌卡操作和實際運用是紮紮實實的落地好工具；第四章「10樣禮物」，能活用牌陣並書寫到冰山覺察，手把手的帶領自己從外走向內；第五章「大愛分享」，無庸置

疑是將情緒療癒卡的能量傳遞給周遭所有人。

其中，再佐以心理學的專業觀點、老師心理輔導諮商的豐富經驗，完全以洋蔥式的層層剖析著自己，帶領我們從各個面向角度來關照自己，更可以進一步「用到」生活之中，豐盛感源源不絕，一定是案頭必備的書籍啊！

「每個結束，都是為了美好的開始」是盈君老師課堂上曾說過的話。看完了這本書，與其同頻共振之後，立刻就拿起情緒療癒卡自我對話一番，同時也生起勇氣跟力量，能再次重新開始一段生命的旅程了！不就應驗了老師的這句話嗎？

盈君老師總讓我有一種「被接住」、「愛與接納」的感覺，因此每每看到老師的書誕生，除了感動之外，更有滿滿的感恩！疫情期間有這樣身心靈的工具書陪伴，將不再因動盪不安的大環境輕易感到徬徨無助，個人工作家庭的忙碌與紛擾將化為平靜美好，一股深化內心的穩定感皆因應而生，「抽牌吧！來愛自己吧！」相信每一張牌卡都滿溢著幸福的恩典！

郭玟伶

2022.04.10

國中教師／兩個孩子的媽

推薦序

透過牌卡，創造翻轉生命的力量

感謝自己的靈魂早已約定必須經歷種種的困折後，來到左西讓盈君老師牽領著我走向光並沐浴在光之中。

大家都非常喜歡透過多樣的牌卡，為自己或他人解開心中纏繞已久的議題或困惑，這就是為何塔羅牌、原型卡等風靡於校園的因素。有趣的是，當我們邀請學生抽出眼前的「情緒療癒卡」時，總是出現「好準、好準」的驚呼聲。

盈君老師的這本書，為這個「好準」提供了非常強而有力的理論依據，即榮格所提出的「共時」、「同頻共振」。事實上，在老師另一大作《看懂靈魂契約的74個人生解答》中，也再次提醒我們共時理論的重要性。因為，有了如此具有科學性的解說與依據，我們在面對學生或個案時，不再落入占卜或算命的判定。

盈君老師在書中區分情緒療癒卡與占卜類的牌卡差異時，除了在全書中所時常揭示的「投射」，透過圖卡與字卡，引導對話與抱著好奇心而問對問題，我們完全不必熟背任何一張牌卡的意義，全然開放個案主觀的牌卡詮釋權，進而引導個案將潛藏內心的傷痛或潛意識揭露出來。身為老師或諮詢師的任務，就是讓個案從看見到接納自己一切的歷程，甚而引導個案創造翻轉自己生命的力量。如此的歷程，在我面對學生的諮詢中時常出現，看著他們從悲傷痛苦的

表情，陪伴著他們篤定而平靜地離去。

　　另一方面，我非常讚賞盈君老師在書中提醒著我們：運用心理投射，放下二元對立的慣性，保持中立的態度。尤其，在區分「情緒療癒卡」與占卜類牌卡時，縱使一般談到塔羅牌總將其納入占卜的運用，但拋開二元對立而採中性開放的態度與解讀時，塔羅牌在盈君老師的手中，在某種程度上，其實也展現了心理投射卡的運用與意義。職是，盈君老師另一大作《諮商塔羅》，就顯得與一般坊間的塔羅書籍完全不同。在我看來，最大的不同，就在於《諮商塔羅》也開放了莫大的空間與詮釋，給諮詢師和個案去創造屬於自己的生命能量，在「諮商塔羅」的世界，沒有了吉凶論斷與是非對錯，只有提點與力量。

　　我從二〇一八年開始追隨盈君老師學習，我的生命也正式啟動了翻轉歷程。從星際馬雅十三月亮曆法，到情緒療癒卡、OH卡、諮商塔羅及原型卡靈魂契約盤等，在老師身上學到及影響我最大的，就是老師從不批評、不論斷，引導著每一個生命回到本真，了悟自己的生命任務，長出翻轉生命的力量。《莊子・逍遙遊》中的北冥之鯤，化而為鵬的寓言，令人心醉。然而，眾生在「化」的歷程上，若身邊能有盈君老師此書的引導，練習自我對話，看見他人內在等，相信生命將更加圓滿而幸福，進而學習如何使自己也能成為他人生命中的貴人，猶如盈君老師早已成為眾多學生生命中的貴人。

邱培超　靜宜大學中國文學系副教授

作者序

認識自己，會幸福

有什麼樣的事，你會堅持做了二十年，都不會累也不會膩，越做越起勁？

那應該就是真愛了吧！

那應該是天命吧！做對了事情，就是這種狀態。

那應該是最核心的熱情所在吧！

我心中，只有一個答案，就是心理諮商助人工作。

陪伴與協助他人認識自己，這件事，從二〇〇〇年開始，深深愛上、無法自拔，並樂此不疲。

經歷二十二個年頭，何嘗不是一個生命從誕生、成長、到完整成熟的歷程呢？

早期還在大學教書時，我已開始使用OH卡與各種投射牌卡，進行學校教授們、職員們的輔導知能研習，更帶領大學生們認識自己的內在。在每一場的「喔～喔～喔！哇～哇～哇！OH My God！」當下，我就知道，這會是我一生的愛！那段時間，更是收到各種邀約，開始進到各個大專院校、各層級的學校，輔導社工單位、企業培訓，自己開課後，更是有數不清的第一線身心靈導師與教練們從海外飛來學習，為了要精進提升自己的教學豐富度，進而

「把這些好東西」帶回當地持續分享潛意識教學。就這樣，帶領我從二十幾歲至今，橫跨了我最寬廣時距的專業教學歷程，甚至是第一個黃金歲月，包含左西人文空間的創始歷程，就是從 OH 卡開始的！

於是，二〇一五年《OH！圖卡完全使用手冊》，在台灣左西出版上市，介紹了各種牌卡的運用，以 OH 卡為主之外，更包含聯想系列相關卡片的使用方式。

新的里程碑

在 OH 卡的教學與使用多年後，我發現，OH 卡中的一些圖像與文字，是根基於西方世界及歐美的文化背景，但這些象徵（一些圖像或文字）並不這麼適合亞洲地區，因此，在二〇一八年我與畫家合作，獨創了《情緒療癒卡》在台灣左西出版，結合 OH 卡的基本概念，於是一套真正適合在亞洲地區、符合華人生活脈絡與文化的專業心理工具，全新誕生！

《情緒療癒卡》也象徵著，從二〇一八年開始，整個心理專業培訓的系統，將以更適合我們的本土化的經驗出發，使用我們自己的工具以及陪伴我們國人的生命經驗，協助大家朝向全面情緒療癒的心理健康道路，是一個新的里程碑。

《情緒療癒卡》出版多年至今，感謝許多使用者給我很好的回饋。他們告訴我，這套卡在教學現場、演講場合、個案實務工作中的「使用率」及「實用率」都比OH卡更多，尤其是更貼近華人文化的脈絡，在教育現場也更加適合，大人小孩都喜歡，愛不釋手。

　　就這樣，埋下了我寫書的第一顆種子：如果要有第二本牌卡書，我就來寫《情緒療癒卡》吧！心裡默默這樣想著。

回到自己，回到生活

　　近幾年因為疫情的關係，在我們的生活中，無論內在或外在，都產生了不小的震撼與改變。人與人之間的距離開始拉寬，每個人有更多時間獨處，有更多「把自己照顧好」的需求產生。從外在安全感的追求，開始大量轉向內在的穩定，包括情緒的穩定、身心安頓的自我療癒、調整好自我頻率，更包含生離死別議題之下，更強調活在當下、找回自己的渴望、聚焦於內在力量……等。

　　在專業助人工作擔任培訓導師多年的我，也深深發現，許多人渴望幫助他人，但欠缺「與自己的連結」；想要當療癒師，但自己內在究竟發生了些什麼都不太清楚、不想碰觸、不想面對、或者根本沒有意願花時間去探索自己，更不用說回到生活中與自己好好在一起了。

於是，這本書，我們就有一個機會可以好好來談，如何回到自己、與自我對話。

先把自己認識了、清晰了、穩定了、連結了，搞好與自己的關係，進而能有機會服務他人，就是這本書最重要的立場與核心價值了。

一步一步有層次的前進

第1章，先敲門，開啟療癒自己的開關。

第2章，做好暖身，操作牌卡前的準備。

第3章，打開你的牌卡，進行情緒療癒卡的分類總體介紹。

第4章，核心重頭戲，提供了重新遇見自己的十道指引。

第5章，延伸應用，多人或小組分享的使用方法。

最後，如果你問我，什麼是最初的愛？

可以讓我愛了很久很久、愛了很多很多，可以一直堅持去愛、持續去做，大概就是潛意識投射卡的教學與推廣了。

祝福每一個可愛的你，能享受這本書帶給你的幸福時光。

在發現自己的歷程中，能對自己有更多陪伴與理解，並微笑著說「真好」！

獻上最深的感謝，給我的父母，以及參與協助此書出版的每一位天使，你們都是我的貴人。

陳盈君

2022寫於台中

目錄

Chapter

1

打開療癒自己的
開關

療癒這件事，從來就跟認識自己脫離不了關係。

　　要療癒自己、走上療癒的道途，第一步一定就是探索自己，也就是好好認識自己。

　　很多人會問我：我的人生方向要走去哪裡、我該做些什麼、我該朝什麼目標前進？

　　我回答：那現在的你，怎麼樣了呢？說說目前現況吧～你了解自己多少了呢？

　　要走出迷霧森林，就得先知道自己現在身處何方。

　　認識自己是誰、自己怎麼了，先能清晰看見自己的現狀「目前在哪裡」，就能繼續往前走。先發現什麼部分需要被療癒、或者看見自己究竟要療癒什麼、要往什麼方向邁進，進而能知道「怎麼療癒」及「用什麼方法療癒」。

　　但大部分的人，要談情緒不容易，更沒有習慣去碰觸自己內在的感受。情緒療癒卡能幫助你聚焦情緒，辨識出情緒的樣貌，與內在自我連結。

　　藉由情緒療癒卡，讓抽卡者能夠有一個與自己內心對話的機會，投射出自己內在的所思所感，進而找到自己心中的答案，帶出

解決策略以及智慧力量。

　　情緒療癒卡的神奇之處在於，可以將潛意識投射出來，是個擁有魔法般的工具。透過色彩與文字去連結這個世界，能夠直接帶出你的內心想望，引導出潛意識的隱藏訊息，帶領我們進入更深的探索。這是一個與自己相遇的過程，更是一個看見自己的歷程。

　　只要你願意，透過與牌卡一起進入自我探索旅程，認識自己的盲點與遮蔽視角，這些地方都會因此而被「照見」。牌卡就像是一面鏡子，照出我們內在「提醒我們當下該關注的區塊」，並且透過圖像與文字的訊息，找出方向與線索，提供資源給我們。

認識自己的
重要性

> "
> 認識自己、勇敢面對內在，提升覺知與感受力，
> 與自己連結，成為一個幸福人。
> 透過練習，回顧並療癒過去，回到當下與內在，
> 成為幸福的漣漪，創造未來，成為一個自由人。
> "

　　當我們張開眼睛，開始探索這個世界的同時，我們看到的都是外界的人事物，也是從外在的一切來認識我們自己是誰。遇到的人，給予我們評價與讚賞，遇到美好的事發生，就比較容易定義自

己的狀態是ok的；相反地，當我們遇到不如意的事、遇到的人也給予我們負面評價時，我們是否仍然覺得自己是ok的、有價值的、值得被愛的呢？！

生活在世界上，從外界的評價、事件的成果來定義自己，似乎是最顯而易見的「自我定位」方式，但也會因此在人生中迷航，因為不知道要前進的是否是屬於自己的航道，或者這只是別人期待中的航道。

從心出發，展開一張地圖

探索自己，就像是從你自己的心出發，展開一張地圖，輻射到你的整個世界。

首先，你可以想像一下你的航行地圖，你的心是基地總部，所有航班都是從這裡出發而向外開展，定錨在你的心。無論在哪裡轉機，最後都還是回到核心，與你的自我產生連結。

當你感覺迷航時，只要尋著航道，透過與自身感受連結，就能把你帶回核心。

於是，你從自己的生命經驗與故事出發，開始探索自己。

你長出了「覺知的能力」

能夠覺察到自己與自己的關係，覺察到自己與他人的關係。

遇到各種情緒發生時，知道自己怎麼了，為了什麼沮喪、為了什麼生氣、究竟在意什麼。

當自己遇到關卡時，更知道自己受到何種影響，是什麼想法讓自己不舒服，是什麼限制困住了自己。

在互動關係中，不會投射自己的想法強加在他人身上，你會開始意識到「喔！我好像都在投射我自己的價值觀給對方」，有提醒自己的作用。

這些覺察與自我發現，都是覺知的能力。

有覺知，就有機會能「幫自己按暫停鍵」，停下來。

停留與空白的片刻，能幫自己爭取時間與空間

擁有更多對自己的覺知時，你會知道自己才是關鍵。

面對自己時，你不會批判自己，不會逼著自己改變或前進，不會陷入永無止盡的迴圈，因為你會喊停：「等一下！我先深呼吸～我來看看我怎麼了～」

在人際互動上，當你知道自己是關鍵時，你就不會一直責難對方，不會強逼著對方改變，更不會執著期待著某個人事物要照著自己的心意發展。你一樣會在心中喊停：「等一下！我先深呼吸～這好像是我自己的執著點。」

薩提爾女士曾說：

「問題不是問題，如何面對問題才是問題」。

你是如何因應，因應問題的方式與過程，才是重點。

當你願意停留，就算只是幾秒鐘，給自己幾個深呼吸，你會意外發現，彷彿有一個「空間」從你內在開展，這個空間也會在你與對方之間展開。這時，你長出了另外一種新的能力，理解與接納的能力，我認為這就是愛的能力。

認識自己，探索自己，會幸福。

你能成為一個自由的人

能認清自己發生了什麼、如何影響他人，你才不會情緒勒索他人，不會一直沉溺於演出任何一種角色模式而不自知。

不會被自己綁架、更不會被對方勒索，更不會一直處於慣性迴圈中而不自知。

生命中有很多痛苦，都是來自於執著、不自知、看不清、重複循環著舊有模式。而這些痛苦，都能在你持續認識自己與提升覺察自己的過程中，停下來，你也能走出一再重複的模式。

轉換力

如果越能對自己有足夠了解，越能多一點停留，轉換情緒想法和行動，就越容易從事件中跳脫出來。

於是，讓自己轉念的速度變快了，轉場切換的能力、轉換的能力也增加了，你會成為一個自由的人，得到真正的自由。

⤜∾ 與自己連結 ∾⤏

生活中，有能力覺察到自己怎麼了，幫自己按下暫停鍵，避免自己陷入死胡同般糾結。這樣的停留，能幫助自己，甚至救自己一命，你有過這樣的經驗嗎？

在哪些時候，你因為更認識自己了，知道自己怎麼了，知道自己在想什麼、知道自己在痛苦些什麼，而幫到自己了呢？

你是如何轉換想法與情緒的？你幫自己做了什麼呢？

或者，剛好相反。

你不知道自己怎麼了，不知道自己為何會如此糾結執著、而一直陷入痛苦深淵之中。

回溯一下，當時的自己，以及過了多久時間，才讓自己再次回復平靜呢？你有過這樣的經驗嗎？

放下成見，帶著好奇心，先傾聽自己

放下成見，其實就是給自己一個機會，傾聽自己、傾聽內在心聲。

我們願意給自己一個機會，先清空自己，然後傾聽。當先入為主的成見擋在我們前面時，我們有很多話是聽不到的。聽不進來，更是收不進來。

對自己的成見：

「我這次一定又失敗了，我之前都是這樣的，每次我說什麼，大家都只會怪我，沒有人看到我的努力……！」

對他人的成見：

「我說出來的話，對方也沒有要聽。」那是因為你在說之前就已經設定了，「我早就知道啦，你就是這樣的，之前都是這樣呀，所以你就是這樣的人啦～我都知道呀～」

做個嘗試，放下這些成見，給自己一個機會，敞開來聽聽，會有什麼不同。

我們太容易被過去的經驗綁架了。清空自己，我們才能帶著自己的好奇心去傾聽。

「我很好奇這件事怎麼了？」

好奇心很重要，是使用整副牌卡最重要的關鍵。

潛意識投射卡* 的精神，強調「創造性」與「開放度」，對話本身是跟著好奇心而開展的，一個人如果沒有好奇心，就無法產生好的對話，更沒有創造性可言。

「怎麼了嗎？」

「我很好奇你最近發生了什麼呢？」

先把自己的成見放在一邊。看著自己、觀察自己，不要投射自己原有的價值觀。

帶著好奇，與自己在一起，傾聽自己，有什麼會冒出來？

「我怎麼了？」

「我很好奇這件事是怎麼影響我的？」

「我的心情如何呢？我想到了些什麼呢？」

....

* ｜情緒療癒卡屬於潛意識投射卡的一種，而潛意識投射卡為心理投射工具的一種。

進入自己的內心，是最快成長的路徑

榮格有句經典名言：
「向內觀照自己，內心澄如明鏡。
往外張望的人在做夢，向內審視的人才是清醒的。」**
你是從內心裡去看這個世界，或是從外面來看你的世界呢？

在我的個案工作現場，有些個案從進來諮詢室，到談完離開的那一個小時間，前後有很大的不同，感覺變成另外一個人，產生了一些改變。他回到日常生活當中，這個事件與情境本身可能沒有不同，但是這一個人面對這個世界的情緒、想法、和他的態度已經完全不一樣了。也會連帶引發各種連鎖效應，因爲情緒不同、感受不同、看法不同、看的觀點不一樣，整個共振出來的氛圍就很不同。

....

** | Your visions will become clear only when you can look into your own heart.
Who looks outside, dreams; who looks inside, awakes.

即便外在的世界看起來都不同，但是因爲開始產生微妙的變化，我
們內心就會開始和這些不同的狀態，產生一些細微的共振。而內在
狀態也會因爲這些共振，開始變得不一樣了。一開始看到的好像都
一樣，但是因爲你開啓了這個狀態，就會開始連鎖效應，可能整個
家庭、家族都會不一樣。

情緒療癒卡

　　打從第一次接觸牌卡，我就深深爲之著迷，驚訝於這類「藝術治療媒材」對於自我對話的層次，能有如此深刻的打開！從此，我一頭栽進牌卡的世界，開始自己創作各種牌卡，結合心理諮商、藝術治療、心靈療癒的概念，在台灣開始進行本土化的出版與推廣，並在牌卡教學中傳遞力量。

　　投射牌卡，也就是潛意識投射卡，是擁有魔法般的工具，透過色彩與文字去連結這個世界，能夠直接帶出內心想望，引導出潛意識的隱藏訊息，帶領我們進入更深的探索。這是一個與自己相遇的

過程，更是一個看見自己的歷程。

　　只要你願意，透過與牌卡一起進入自我探索旅程，認識自己的盲點與遮蔽視角，都會因此而被「照見」。牌卡就像是一面鏡子，照出我們內在「提醒我們當下該關注的區塊」，並且透過圖像與文字的訊息，找出方向與線索，提供給我們資源。

　　就像你的心在跟你說：「嘿！主人，看看這裡吧！這裡有等待你去看見的……」

　　可能是我們忽略的、遺忘的、壓抑的、否認的、不想看見或不曾看見的一切，好的不好的，都能慢慢顯現出來。

　　在諮詢引導的運用中，經過對話進行引導，讓抽卡者能夠有一個與自己內心對話的機會，投射出自己內在的所思所感，並進而找到自己心中的答案，帶出解決策略以及智慧力量。透過投射及敘說，內在產生心理位移，說著說著，生命版塊便能進行重組，建立新的生活架構。

情緒療癒卡的特色

大部分的人，要談情緒不容易，更沒有習慣去碰觸自己內在的感受。情緒療癒卡能夠幫助情緒聚焦，辨識出情緒的樣貌，與內在自我連結。

特色1：潛意識投射

這是一套心理投射卡，包含圖卡與字卡，可以作為當事人潛意識投射的工具。

整套情緒療癒卡包括：八十張描述情緒感受的「字卡」、八十張用於投射心理狀態的「圖卡」，以及一本使用手冊。

字卡與圖卡可以合併使用，也可以分開來單獨使用。不同的使用方式，創造出更多的可能性。可以用於自我引導、與自己的內在對話、釐清自己的狀態；也可以用來引導他人，幫助他人了解自己的內心世界。圖像設計平易近人，可使用於各個年齡層，不論是兒童、成人、老人都非常適合。

情緒療癒卡特別適用於情緒層面的投射、感受陳述與表達。

特色2：定義與詮釋在自己，自由聯想與投射工具

圖卡：有八十張生活場景的圖像。

沒有固定牌義的解釋，可依照圖像，抽卡者做自由聯想與潛意識投射，詮釋權在抽卡者自己身上（你抽卡，你說了算）。

而引導者的工作，則是負責提供問句，讓當事人可以說更多、描述得更加豐富。

字卡：有八十種不同的情緒感受字眼。

依照字卡，抽卡者可以自由描述並定義這個字詞的感受與想法，以及跟自己此時此刻心情的連結。

字卡也可以與任何不同的圖卡混搭使用。

情緒療癒卡的圖卡與字卡，都可以與OH卡系列的牌卡，以及其他類型的牌卡一起混搭使用。

特色3：有其默契與規則，但沒有固定的解釋和定義

情緒療癒卡並無固定的解釋，也就是「沒有標準答案」。

字卡代表的是自己和自我的對話。現在對自己的情緒是什麼？對自己的想法是什麼？如果抽到「生氣」這張字卡，我會問：為什麼生氣？對誰生氣？在生什麼氣？

或是我會這樣問：「你在生自己什麼氣？」

　　這是一個很重要的思考方向。我們知道，這是自我內在的對話。這個世界上沒有別人，只有自己，所有一切狀態都是自己投射出來的。

　　圖卡是內心圖像的反映，圖像的投射。

　　抽到的圖卡會有兩個現象：目前當下此刻的狀態，或是你渴望的狀態。所有的圖卡都可以分成兩種，與當下畫上等號，或是想要成為圖卡上的畫面。

為何牌卡
能準確投射內心

共時性

牌卡「為什麼會準」可以用榮格的共時性來解釋。

在榮格的心理學學說中，他強調，A事件和B事件，這兩個現象或狀態在這個世界上發生，如果能夠找到一個「有意義的連結」，把兩者連結起來，讓A和B的串連性找到一種同質性、一種可以相關連的解釋，兩者是有呼應的，無論是A引發B，或是互相引發，

無所謂前後順序，這兩個現象會同時發生、同時並存，或者近期內一直出現相同的訊息，表示兩者之間的頻率是一定同頻的。

A和B是同頻的，所以同頻共振，同頻才會共振。我們可以進一步思考，這兩個到底是以什麼樣的狀態共振的呢？這樣事件的存在與發生，它的意義、它的連結、它的詮釋，它解釋的現象，解釋起來為什麼會有關連呢？究竟有什麼樣的關連？這個就是榮格提出的共時性。因為他認為A和B的發生，彼此之間產生了一種連結，而且是有意義的。存在必有其意義，這樣的存在、這樣的一種發生，一定是有其意義的，如果沒有意義的事情，是不會存在也不會發生的，那如果你要把這兩件事情、毫無相干的事情兜在一起又兜不起來，又找不到一個詮釋點的話，那榮格就會說，這就不是共時性了，那就是獨立的A和獨立的B。

找到有意義的連結、同質性、相關彼此呼應的解釋。

心中想到的，眼前就看到什麼，這是一種默契和心想事成。

抽牌者A想的某事，左手就抽到B牌，巧妙呼應了心裡在想什麼。

共時性談的是，有意義的巧合。宇宙中發生的所有事情，都有其意義。有意義的事情就會存在，這件事情既然存在、發生了，就有意義。當你抽到一張牌卡，這絕對不是偶然，你看見了，並且連結起來，牌和人之間產生了有意義的連結，找到共時巧合，我們會說這叫做：同頻共振。因為你自己現在自身的狀態，就會剛好和牌卡的頻率對應上，這兩端（人與牌卡）就會精準地產生連結。

　　「如果有人說：不準、或沒有感覺，這也是一種同頻共振嗎？」

　　有的時候是「還沒想到」，不見得是否認或是不願意，有的時候我會說：這句話你先放著，接下來是否會這樣發生，我不知道！如果是負面的，我也希望他不要發生。這張牌卡會在現在出現，它的意義是要提醒你沒有看見的盲點，不是要讓你產生恐懼的感覺、或對號入座，不是來嚇自己的。

　　牌卡出現的訊息，是一個提醒，這並不是結論，更不是結果（因為這不是占卜類牌卡）。

　　因此，依照共時性原理：不是你的牌，你是抽不到的。

　　尤其是「重複出現」的牌卡，一定有其重要性。你的潛意識一定有話要說、有事要講。

　　或許有時候，在一開始很難連結，但我們保留其可能性，讓潛

意識醞釀一段時間，等待發酵的時刻，你會獲得啟發。

　　在我的經驗中，有幾位來訪的個案，對於現場抽出的牌卡，他是沒有感覺的，這也是很常見的。但往往當他回到家，在比較放鬆的狀態下，就會突然有靈感：「我知道為什麼了！原來……」

　　所以我會鼓勵個案將牌卡拍照，現在沒有感覺沒有關係，很可能接下來會有感覺，可以再來跟我分享。可能有一些隱藏的訊息，只是我們現在無法這麼快連結，需要一些時間蘊釀、串連，要留點空間讓潛意識的運作機制去連結。

　　甚至，有的時候我們用不同的工具，問同樣的事情，得到的訊息其實是一樣的，都指向同一個方向的提醒。

情緒療癒卡與占卜類牌卡有什麼不同？

情緒療癒卡是心理投射工具，而非占卜類牌卡（如塔羅牌），這兩者的差異究竟在哪裡呢？

在心理學的領域裡，我們會用「心理投射測驗」來檢視或探索自己內在的狀態，藉由「與工具互動」的歷程，我們能看見自己更多的內在訊息。*

心理投射工具與占卜類牌卡的主要差異點在於：

情緒療癒卡的心理投射歷程，重視抽牌者的「主觀感受」，去掉專家權威的標準答案與定義，更不會有牌義的解釋。

「投射」也就是強調看到牌卡時的感受、想法、浮現出來的畫

....

* ｜內在訊息又包括了有意識到跟沒有意識到的部分。
　有意識到、但常被自己忘記的部分，或者知道自己可能是某種狀態，但又覺得似乎與自己無關，所以沒有正視這些議題。
　沒意識到的，通常是盲點，也可能是抗拒、否認或不想面對，甚至是自己沒看見的潛能與內在力量。

面或任何人事物，這也是個人探索歷程最寶貴且最有價值的部分。

運用心理投射，練習讓我們去掉「二元性」的「是非對錯、好或壞」，讓自己保持在中立的位置，投射牌卡不是算命，不是要問結果與答案，更不是要趨吉避凶。

抽牌者「說了算！」，你的定義與詮釋才是最重要的。

在我的個案工作現場，許多人會在自己看著牌卡描述完之後補問我一句：「我這樣說對嗎？」或「我這樣解釋可以嗎？」或「我想到的是小時候的事情，這樣可以講嗎？」

Yes！Yes！Yes！

你的內在會在最適合的時間點，給你最需要看見的，所以絕對是完美的資訊！

情緒療癒卡以「個案諮詢取向」的引導問話為出發，以了解「抽牌者現在的心境反映」為首要，不以「論斷結果」為前提。把每一次抽牌都當作潛意識要給我們的訊息，在我們內在豐盛且全知的資料庫中，提取我們想要得知的靈感與指引。

共時的抽牌現象

談到這裡，那牌卡對我們來說的共時性現象會是什麼呢？

你是抽牌者A，遇到某件事情時，會引發你內在心理狀態的頻率，例如：你正在提問一個令你困擾的問題：「究竟我和某人之間的糾結和情緒，到底是要我學習什麼呢？」所以此時，你心裡正在煩惱、關於和某一個人之間的困擾，在這樣子的一種狀態下，我們來透過抽牌（洗牌後再抽牌）看看究竟會給我們什麼訊息。

因為讓你困擾的內在狀態同頻共振了，剛好引發你的手（通常是左手去抽牌）去抽出了某一張牌，那這張牌就正巧妙地解釋和呼應了你現在內在所發生的一個現象。所以A是你，B就是那張牌，A和B開始去尋找一種有意義的連結。

喔！原來我跟這個人之間的困擾和糾結，是因為我內在的某一種焦慮、所以我執著於……所以會造成我在這件事情上面的一種控制和緊抓，不願意放手。喔！那我懂了。

講到這裡，大家聽起來就會覺得，這就是一種「好準！」或者「好有感」的吻合。

　　也就是我們講的，抽牌很準，其實這個「很準」的感覺，就是榮格所說的「共時」。所以，我們用一個心理學的專業名詞來詮釋它，而不是只有「喔！準啦！超神準！」但也不知道為什麼會準。

　　因此，當你在使用牌卡與朋友互動時，你的朋友抽到一張牌，他看了之後並且說「好準！」，他接著問你「為什麼會準呢？會不會其他的牌沒有那麼準呢？」到這裡，你可以開始慢慢去了解這是有其心理學基礎，你可以試著跟他解釋，為什麼會準？才不會落入怪力亂神、神神叨叨的現象。

　　這就是一種「同頻共振」的吸引現象，在榮格心理學裡這就是一種「共時性」。

　　是同頻才能共振，同頻相吸引的概念。

❧ 為何用左手抽牌？ ❧

第一，從身體結構上來看。

人的腦與身體是交叉神經系統。右半身體是左腦管轄，左半身體是右腦管轄。

左腦是「理性邏輯腦」，善於組織、邏輯、條理、分析。

右腦是「直覺感受腦」，善於感受、直覺、當下、想像力。

因此，抽牌用左手來抽，正是因為對應右腦的直覺感受。

另外一種說法，因為心臟靠近左半身體，因此我們在抽牌時更容易連結我們的心與感受。

第二，從能量頻率上來看。

左半身體，主責「陰性」能量，是我們的內在女人，與靈性世界的接收、滋養、包容有關。

右半身體，主責「陽性」能量，是我們的內在男人，與物質世界的付出、給予、主動相關。

因此，抽牌用左手來抽，更能接收靈性層面的訊息。

精準度

問問題的意念是透過發出頻率讓你抽出那張牌。

我從這個共時性的現象延伸出去，讓我們繼續往下看精準度。

共時性談的就是超高的精準度。當你在抽牌的時候，當你很堅信這個牌卡竟然能夠被你拿來運用，它的某一個部分就有一種很強烈的「跟你內在開始產生連結」的頻率。所以，當我們提問，心裡面發出「我想要抽牌，我想要詢問牌卡，我想要去了解究竟這張牌要給予我什麼訊息和建議」的問題時，這一套就開始跟你的內在心靈起了一些頻率共振。所以，當你問問題、你在洗牌，你就會開始「把這樣的能量投注在牌卡裡頭」，那牌卡就剛剛好精準巧妙地把你現在內在必須要探索、必須去了解的、必須去揭露出來的這些訊息和現象顯露出來。然後讓你看見，於是剛好會有一張牌被你抽到，因為那就是你現在此刻、在整套牌裡面最共頻共振的牌卡。針對你所提問的問題，針對你現在內心的心理狀態，所知、所感、所想這些所有的狀態，這張牌就是最跟你同頻共振的。

因此，牌卡不可能不準，一定會很準。存在必有其意義，既然

會被你抽到，就一定有一個現象場，爲什麼會這樣發生的一種同頻共振的頻率在那裡，它會被你翻出來，並且在你內在找到一些相呼應的地方。所以，精準度絕對是有的。當然有很多人會喜歡討論說，這是不是機率的問題，機率當然是一種解釋的面向，但我自己傾向認同是共時性，存在就有意義的這種概念和頻率共振的狀態來做詮釋。在這個世界上所有的東西都有頻率，只是頻率高、頻率低的差別，所有的物品、所有的人事物、所有的狀態是都有頻率的，不管是會動的或者不會動的。既然是有頻率的，在共時性的現象上面，我們就可以更清楚地知道，你現在的頻率跟什麼樣的事情的頻率會同頻共振，你這個人的頻率狀態，跟什麼樣的人的頻率狀態會同頻共振，你這個人跟什麼樣的事件，或者是你上什麼樣的課，絕對也是同頻共振的。只有同頻共振才會物以類聚，才會互相吸引。

"

會是你的牌，就是會被你抽到。
不是你的牌，一輩子都抽不到。

"

講到這裡，就可以解釋，所有的抽牌過程是你在使用所有牌卡工具的過程當中，一個最重要的心理狀態和心理概念。唯有如此，你才能夠強烈地、堅定地相信，其實你抽到的牌，一定都跟你有關。為什麼呢？因為共時、因為存在就有意義，會被你抽到的就有意義，因為你跟它共頻共振。所以精準度是絕對會有的，牌卡不可能不準，會是你的牌就是會被你抽到，不是你的，你一輩子都抽不到唷！

重複出現的牌卡

使用牌卡的同學很多，當中比較有經驗的人，可能會發現，怎麼抽來抽去都是同一張呢！一整套牌有幾十張，每天抽好像就是抽同一張，會一直跑出來，就覺得很奇怪。也不是自己的牌沒有洗乾淨，或者是自己心裡很虔誠很開放，但怎麼會一直抽到同一張呢？這就回到我們剛剛所講的，因為你的頻率就在那裡，你的狀態就是這樣，所以你就會不斷抽到同一張牌，或某幾張牌。甚至一整套牌裡，可能從你買那套牌到現在，有很多張從來都沒有抽過。我自己

其實也是這樣，有很多套牌都是這樣，抽來抽去就是那麼幾張。甚至某一陣子更是，因為你的頻率狀態就是這樣。剛好你又遇到了某些事情，要針對某些事情抽牌的時候，那更是這樣了。因為你的狀態就是這樣，你就會抽到那樣子的牌，即便是不同張，那可能講的是同一個方向、同一件事情、同一個建議。

使用情緒療癒卡，帶領我們練習信任直覺

情緒療癒卡最重要的精神，就是開放度、好奇心、創造性、自由度、自我定義。

只有抽牌者才有真正的權利去定義這個詮釋權，只有抽牌的人才能定義：這是什麼。

當我們在自我抽牌時，請信任自己的直覺，並且鬆開你的喉嚨（就像鬆開水龍頭一樣），讓自然「脫口而出」的句子冒出來。

很多時候冒出來的句子，常常是出乎我們預料之外的，而且甚至聽到自己講出這樣的句子時，會噗呲一聲地笑出來！

你彷彿會聽到內心的聲音，「哇嗚！Oh My God～！」或「天呀！我說出來了嗎？」

怎麼講都對，重點並非牌卡上的圖或字究竟是什麼（因為也沒有標準答案）。重點在於：你想到什麼、你說了什麼？！

有時候，我們說著說著，會慢慢拉出內心從來都不曾說過的話，而談出背後真正的期待與渴望、情緒感受。這些素材，才是我們真正關心的核心議題。

∽心理學小辭典：佛洛伊德式說溜嘴（Freudian slip）∽

佛洛伊德式說溜嘴是精神分析學中的一個概念，最早是由西格蒙德‧佛洛伊德* 提出。

佛洛伊德認為，一個人平時不經意間出現的諸如口誤、筆誤、動機性遺忘、童年回憶遺忘等差錯並不是無意義的，而是受到其潛意識的影響。例如，當某人在開幕式上出現口誤，把「宣布開會」說成「宣布閉會」時，這代表了他心裡事實上不願意召開會議。

因此，當我們不經意地把內心渴望說出口，或講出不在我們頭腦預期之中的回應時，我們要有敏感度！

．．．．．．．．．．．．．．．．．．．．

*｜西格蒙德‧佛洛伊德（Sigmund Freud，一八五六至一九三九年），奧地利心理學家、精神分析學家、哲學家，精神分析學的創始人，二十世紀最有影響力的思想家之一。

練習
抽卡時間

小暖身：與自己連結

準備一個不被打擾的空間、紙或筆記本，以及一支好寫的筆，讓自己靜下心來。

做三次深呼吸，回想一個最近發生的事件（任何冒出來的事都可以）。

把桌巾鋪好，把情緒療癒卡拿出來，圖卡（紅色）與字卡（藍色）分開洗牌。

洗牌時，想著那件事情，發生了什麼？有誰參與其中？……

牌卡洗得差不多時，展開成兩道弧形。

1.先從紅色的圖卡開始：抽一張，翻開之後請你寫下，看到這張圖的感覺、心情、感受是什麼？

　【關鍵】不必經過大腦的分析判斷與篩選，想到什麼、冒出什麼，就直接寫下來。

2.看圖說故事，人、事、時、地、物，你看到些什麼呢？

3.這個和你現在生活當中發生的事情，有什麼樣的關係呢？

4.圖卡寫完之後把圖卡蓋起來，再抽一張字卡，打開這個字卡。看到這個「字詞」時，有什麼樣的感覺？這是你現在的狀態嗎？

5.把剛剛描述的圖與字，串在一起。你聯想到什麼？與你自己有什麼關係？或者帶給了你什麼啟發嗎？

抽卡示範

1.感覺輕鬆、放鬆、很自在、很享受。

2.一個女生在看書，有很多書想看、渴望吸收更多知識、增長生命能量。

3.自己最近很渴望安靜的閱讀與做自己的事情，很喜歡那種享受獨處時光的感受。

這張圖給你什麼樣的感覺？

這個詞給你什麼樣的感覺？讓你想到什麼呢？

4.充實，讓我覺得就是一種「飽滿」的感覺、很滿足，內在有力量的感受，不是空虛的。

5.這真的是我最近的狀態耶，常常想著買了很多很棒的書要閱讀，但是沒有太多時間去看書，生活要忙的太多、也有太多事情要照顧，常常忘記要安靜下來回到自己。我覺得這組牌卡是要來提醒自己，別忘了閱讀、別忘記滋養自己的內心，讓自己充實與安靜，才能讓自己穩定有力量。

【補充】抽牌卡時，也可以不用設定任何的議題，因為當下就是回應你「此時時刻」的內在狀態，透過牌卡，你會了解自己內在最需要關心的是什麼。

潛意識會在最適合的時機點，讓我們看見最需要看見的。

Chapter

2

療癒之旅的
行前準備

與自己相遇

　　生活中，我們需要有許多的角色外衣，以及強大的信念防護罩來保護自己，讓我們獲得安全感。例如：我可以的、我是完美的、我需要更努力、我是積極進取的、我是樂觀的、我很好、我沒事、我總是能微笑面對一切、我一切都OK……把真正該面對的議題壓入潛意識的底層，把內在的渴望深藏其中。

　　另一層面，防護的外衣也可能會以負面的狀態展現，例如：我好可憐、我做不到、我不行、我沒有能力……或者指責他人，「千錯萬錯都是別人的錯，自己不會有錯。」

往往這樣的頭腦意識，把我們自己都騙過了，誤以為自己就是這個頭腦以為的自己。

在家族治療學派* 中，薩提爾女士的「薩提爾溝通模式」，提出人們的應對姿態有四種基本類型，用來保護自己（保護冰山底層的真實自我與渴望），也就是「求生存的姿態」。

· 指責型：總是用否定、命令來溝通，不表達自己真實的感受。

· 討好型：在乎他人、為了得到他人的認同與肯定，不表達自己真實的感受。

· 超理智型：為了得到被他人認同，總是講道理、讓他人認為自己是對的。

· 打岔型：不想直接面對壓力，溝通時不表達自己，以不溝通的方式來處理。

· 久而久之，防備的外衣越來越厚重，就像盔甲一樣，不僅忘記脫掉，可能與真實自我融合為一，無法分辨。

....

* ｜諮商與心理治療的學派之一。以當事者的整個家族系統為治療核心，而非只探索當事者個人的心理歷程及內心世界。

或許因為這樣，我常聽到有人跟我說：

「盈君老師，我真的不太了解自己耶，我好像不太懂自己是怎樣的一個人。」

「我不知道我自己有什麼感覺，我不知道我對這件事情該不該生氣……」

「我不知道我自己究竟在意什麼，但就是好卡，整個人都卡住了……」

在薩提爾模式中，「一致型」的姿態，是最健康的溝通模式，也就是內外一致。

能夠真實表達自己，也能夠真實接住自己一切的發生。

我想，這是一份「能夠與自己連結」的安全感。

偶爾，一個讓我們感到足夠安全的環境，或在一份有安全感的關係中，我們才得以真實的呈現自己，祖露自己的內心。

這樣的安全感，在你與自己的關係中，獲得了多少呢？

要進入牌卡的對話與探索之前，為了要能更有收穫、接觸真實的自己，我們可以先調整好自己的一些心態，做一下調頻，讓自己

的腦袋鬆一點、讓自己的心也鬆一點。

　　檢查一下，看看你是否同意把自身的頻率調整到下列狀態：

・我願意放下防備與防衛，願意真實與自己對話。

・我知道敞開自己，才能真正有所收穫。

・我願意誠實面對自己，不以頭腦的防衛來告訴自己一切都沒事。

・我接受自己所有感受與浮現上來的畫面與念頭。

・我願意連結此刻當下身體的感受，把自己帶回當下。

・當我認為「我沒有這樣呀」的時候，我願意停下來跟自己說「如果有，那會是什麼」。

・現在我身邊沒有人盯著我看或者檢查我的一言一行，我可以真實展現自己。

・我可以承認內心有喜悅與感動，允許所有正向感受真實呈現。

・我可以承認內心有傷心與脆弱，允許所有負向感受也能真實呈現。

提取資源，
成為自己的
諮詢師

生命在移動中展現自己，療癒在靜止中發生。

而我們所要做的，就是去支持這個「生命的表達」即可。給自己一個空間，一個安全的環境場域，就能辨識出生命的渴望。如此一來，我們才能真正給予自己最好的支持。

與自己相遇，就是與那內在資源、絕絕不絕的活力本源相遇。安靜臨在的品質，是從自身根源透出的活力。資源的給予，是支持生命的途徑。

生命活力，一直都在那裡，從未消失。即使在最困難的時刻，

活力一直存在著。與活力連結，進入內在更深的空間，去碰觸那個從未消失的生命活力。同時，我們也能有機會碰觸到那個未竟事務，再次去面對並完整它。

我們的頭腦總是想要解決問題，然而在這裡，我們不是「問題解決取向」的運作方式。取而代之的，是資源取向，讓生命的資源去滋養並支持自己。對身體而言，對心理狀態而言，對心靈狀態而言，都是。

你有哪些資源（Resources）？

　　資源，無論有形的或無形的，是能夠讓你感受到安頓的、平靜的、有力量的、滋養的，或者是對你有幫助的行動。例如：

　　可能是與某些人連結、與動物連結……

　　或許是到某些地方、進入哪些空間或環境……

　　碰觸到某些物品、吃到某一樣食物……

　　接觸到自然資源，如陽光、空氣、水、土地、森林、草原、動物、礦物……等。

　　進行某些活動，或參與某項事務……

　　更或許是，什麼都不做……

　　忙於「做」有時會迷思其中，反而「不做什麼」更能成為當下的資源。

三階段
準備儀式

生活需要一點儀式感，在開始探索前，把自己準備好。

階段一：媒材與物件的準備

　　準備一個不被打擾的空間、紙或筆記本，以及一支好寫的筆，讓自己坐下來。把桌巾鋪好，把情緒療癒卡拿出來，圖卡（紅色）與字卡（藍色）分開洗牌。可以點上蠟燭（點燃光與希望）或者空間淨

化噴霧。讓自己身心都能得到第一階段的放鬆。

開啟一套新的牌卡

當你拿到一套全新的牌，在打開包裝後的第一個動作，就是先清點卡片張數。通常盒子的說明都會寫清楚這一套卡內含有幾張牌，看著牌面依照順序一張一張清點，就像在蓋手印一樣，向每一張牌打招呼！欣賞每張牌的牌面，也欣賞一下牌背。如果有缺少的牌卡，一定要跟出版社或購買的店家更換一套新的。牌卡張數正確後就可以開牌。

準備牌卡與媒材

牌卡專用桌巾：

桌巾是用來保護牌卡，可以保護牌卡不會因為桌面而刮花牌卡，也讓自己方便洗牌與展牌。另一個功能是可以讓桌巾展開的範圍形成一個小聖壇。桌巾可以選擇自己喜歡的顏色與圖案。若選擇有底圖的布，底圖也盡可能單純，不要太花俏，否則牌放上去的時候，牌面上的圖會被吃掉，牌的畫面和主題跳不出來。

牌卡束口袋或盒子：

收納並保存牌卡。我們通常會選擇「束口袋」當成牌卡的家，輕巧好攜帶，把牌卡放入袋中也可以避免與隨身物品的碰撞磨損。在自己的空間中，不需要隨身攜帶的牌卡，可以選用美麗的盒子當成牌卡的家來存放與收藏。

牌卡隨身背包或卡樂包：

若有機會攜帶牌卡與桌巾出門，「卡樂包」將成為牌卡的絕佳好夥伴。在包包內部有活動式的收納盒，收納盒中的間隔片可拆下自由更動空間大小，可收納各種不同大小的牌卡，而收納盒在包包以外的空間也可容納得下筆記本與文具等物品。

空間淨化

在開始前，把空間與自己準備好，這是一個很重要的開場調頻，因為人也是環境中很重要的一部分。把頻率調整到對的狀態，你就能夠透過環境、自己和物品，給予自己最大的支持。當環境給予自己最好的支持力量時，在與自己對話、解讀的過程中就會更加順利，訊息也會更清楚清晰。

牌卡淨化

　　牌卡是否需要淨化？如果需要，是爲什麼呢？

　　我們的直覺會帶著我們知道要如何工作。

　　牌卡淨化第一個最簡單的方式，就是一手拿著整套卡、另一手在牌上輕敲三下（叩叩叩），這也是任何神諭卡都能使用的淨化方式，用自己順手的手，不分左手或右手。（若要進行下一個問題，可以在洗牌之前先在整副牌卡上方輕敲三下，想像把剛才的問題能量敲出去清除。）

　　需要注意的是，牌卡中是否有「說明卡」（通常就是發行製造的標示卡，或者牌陣介紹小卡），這是不需放入一起洗牌的。

　　第二種牌卡淨化方法，也可以手持牌卡直接在「蠟燭、香／聖木或檀香」上面繞（不是放在上面燒），直接繞三下完成淨化程序。如果當下你所在的地方不適合用這些物品的話，不用拘泥，意念到就到。再來，想像光的意念、愛和祝福的意念導入，順時針是把能量帶入。逆時針是淨化，順時針是注入能量。

　　如果手邊沒有任何淨化清理的工具，可以選擇用「觀想」的方式淨化。可以觀想空間，從環境中的天花板到地板、桌子，空間當中所有的物件（包含牌卡、桌巾、文具等），透過光做清理與淨化——

想像這些光進入空間，所有的環節和角落都被清理得很乾淨。

如果學習過靈氣符號，更可以畫靈氣符號來做能量清理。每一個人的學習系統不一樣，如果你有自己慣用的清理方式，依照自己的系統去進行就可以了。

任何的物品本身都有頻率，有頻率就會有記憶，所以可能會記憶了一些能量在裡面，定期幫牌卡做淨化是必須的步驟。

牌卡淨化視個人而定，間隔時間沒有一定，不必被框架限制住。當然最好時常做淨化，但忘記了，也沒有關係。

若是在使用牌卡或連結牌卡的訊息時，覺得「直覺不清晰、訊息比較模糊」，或者會有「不知道這是什麼意思」的狀態時，就是在提醒你「牌卡要做淨化」的時機到了。

自身淨化

我最喜歡使用「保護靈氣」來成為「個人能量場淨化」的好夥伴。

這是英國靈性彩油 Aura-Soma 系列的波曼德（Pomander），我們稱它為「保護靈氣」，主要的功能是增強環繞在身體周遭的能量場，引導正面能量和訊息，並保護自己與他人。

保護靈氣可以每日淨化能量，或者一日使用多次都可以。讓我

們每一天的生活維持正面的動機，面對脆弱敏感時，能加以保護，對於渴望能有正面思維。適合的保護靈氣可舒緩並調和我們混亂偏離的情緒，回歸受保護的安然自在！

更多淨化方式與工具介紹，以及保護靈氣可針對當下不同的需求進行不同顏色的選擇，請參考本書最後的附錄。

階段二：自身的安頓

首先，每一次開始前，都可以先將自己準備好，靜心片刻，讓自己的身心狀態、能量與頻率都穩定下來，同時也在靜心時清理自己正在煩亂的瑣事。做幾次深呼吸，讓自己的身心狀態、能量、頻率、心情穩定下來。在靜心的過程中，也可以邀請你的指導靈、上師、更高能量或宇宙能量陪伴你在這次的解讀中一同支持這次的歷程。

第二，信任直覺、帶著好奇心，陪伴自己一同探索這趟探索的旅程。放下自我先入為主的投射與成見，願意跟隨彼此的流動，觀察當下的發生，關注自己的所有身心感受。

第三，給予肯定「我的潛意識會在你需要的時機，給我最需要看見的訊息。」因此，發生有其必然，信任會發生的必有其存在的意義。

階段三：定位自己

你要把自己「定位」在哪裡呢？

定位在哪裡，會影響我們的內在與外在，整體的身心靈層面如何回應。

身：身體感受、行動反應、健康狀態。

心：情緒感受、想法、人格特性、信念與價值觀。

靈：直覺第六感、廣大的覺知、內在靈魂的導航。

如果你定位在「要找出傷痛點、究竟是哪裡出問題了、哪裡做錯了！」整體身心靈都會朝著「有問題」的方向去前進，會被導引到

「解決問題」的路徑。

在這段與自己接觸的歷程中，我們定位在「平衡（Balance）、活力（Vitality）」。

透過健康的平衡活力之定位取向，協助自己身心靈獲得整合。

你可以用下列這段自我對話，來帶領自己進行**內在調頻**：

‧我肯定自己以平衡的狀態為目標來陪伴自己。

‧我肯定內在擁有活力充沛的資源讓我提取應用。

‧歡迎並允許，所有的體驗與感知都來到面前。

‧接納、不評價，迎接所有狀態的發生。

‧我接受我的直覺力與靈感。

‧善意與慈悲，是我心的品質。

當你感受到此刻的完整性與通透感，就像是替自己開了一扇門。

通往與內在渴望連結的道路，與平衡的活力本源連結之途徑。

當你準備好，我們就要一起推開這扇探索旅程的大門。

Chapter

3

情緒療癒卡
的分類

情緒療癒卡包括八十張描述情緒感受的「字卡」和八十張用於投射心理狀態的「圖卡」。

　　你可能會好奇：

　　「咦？！這麼多張牌卡，我要怎麼知道抽到這張是什麼意思？抽到另外那張，又是什麼意思？」

　　「有沒有一個大致的介紹，關於這些卡的屬性，能讓我們在使用上可以有一個參考呢？」

　　「一開始打開牌卡，有點摸不著頭緒。能不能有個大致的導覽呢？」

　　是的！導覽是重要的，我就像是嚮導一樣，帶著大家前進。

　　在這裡，我依照原始設計的概念，試著將所有的「圖卡」簡單區分為六個類別，搭配情緒「字卡」輔以感受描述，放成同一類別，協助你能理解這些卡片類別的輪廓。

　　然而，大家必須了解，投射卡的分類系統，一直都是沒有固定的標準答案。投射卡的分類是依照「使用者自身的定義」來進行主觀類別的區分與詮釋，然而，參考我的分類，對大家能有些什麼幫助呢？

　　如果你是初學者，面對一套新的系統，抽到牌卡的當下，你可能不會有「Oh！太神奇了！」或者「Aha！」的頓悟感受；相反的，

你或許有一種茫茫大海中找不到方向之感。因此,藉由參考作者的牌卡分類方式,能讓自己對於牌卡的整體有個概括的理解,知道哪幾張卡片是同一種屬性的感受,或者抽到哪一些卡片時,腦海中自動浮現出「嗯哼,這些是類似的情境」,你就可以更順暢地進入牌卡的脈絡,也能掌握到一個專家視角的參考架構。

如果你是有經驗的牌卡使用者,我相信你能藉由觀看我的牌卡分類視角,引導你進入不同的思維,擴展視角的廣度,增加對各種觀點的不同理解。你有專屬於你的牌卡經驗與感受,我有我的理解及分類方式,互相激盪交融。就像雙人舞般有來有往,讓各自不同的詮釋、不同的投射理解,觀點互為激盪,可以發現「喔,原來你是這樣想的呀!」或者「哇!原來還可以有這種解釋呀!真好~」

接下來,要開始讓這些圖卡一一登場,分為六大組,讓大家更能以全觀的視角來看清楚整體脈絡。每組都設置不同的引導對話,當你在抽卡時,可以參考每組牌卡中的通用提問句,也提供抽卡示範,以自問自答的方式進行,讓自己更容易與卡片串連,產生更多與自己的連結。

第

1

組

賦予力量

一種「能替自己找到資源、把自己照顧好」的能力。
運用圖像的訊息，來協助自己轉化困境，這是關於脫困的資源與靈感。

相關概念

　　自我賦能，找到內在與外在資源，是一種滋養與支持自己的力量。

引導對話

　　當你抽到這組卡，可以感受一下自己最近的狀態，是否跟圖面的情境相似？

　　這是一種「能替自己找到資源、把自己照顧好」的能力。

　　問問自己，你「替自己做了些什麼、採取些什麼行動」，而成為你的資源與力量，支持你的生活呢？

　　如果是剛好相反，因為你正陷入某種困境之中，而你抽到某一張卡，你可以如何運用這圖像的訊息，來協助自己轉化困境，這是關於脫困的資源與靈感。

　　或者，你過去曾經歷一個比較挑戰的情境，從這個經歷中學習到些什麼？當你現在看到這張圖的時候，就像是經歷事件後的領悟，在告訴你，你已放下了什麼、改變了什麼呢？

第1組：賦予力量

第1組：賦予力量

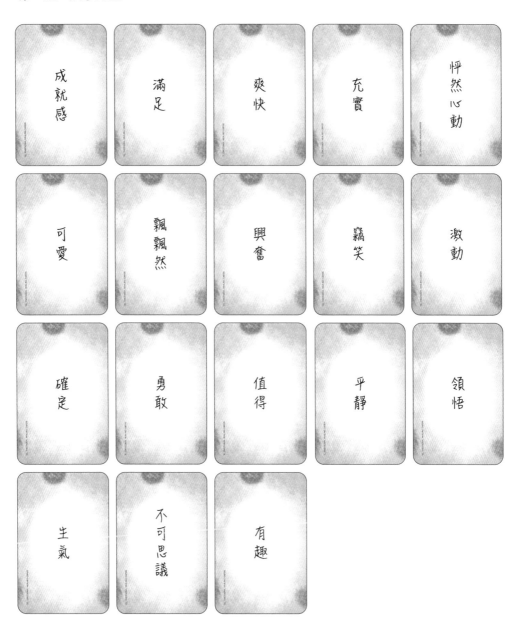

成就感

滿足

爽快

充實

怦然心動

可愛

飄飄然

興奮

竊笑

激動

確定

勇敢

值得

平靜

領悟

生氣

不可思議

有趣

抽卡示範

【主題】

最近工作壓力大，事情很多，想知道一些可以如
何幫助自己的方法？

問：抽到這張圖卡，你看到什麼？感覺是什
　　麼呢？

答：我看到一個流汗的女生正在喝水，有陽
　　光，感覺滿享受的。

問：這讓你聯想到什麼？她發生了什麼？

答：她像是運動結束後的補充水份，或者
　　已經爬山經歷一段路程，停下來補充水份，也讓自己稍微休息
　　一下，滋養自己，好讓自己繼續往前走。

問：這個人是你自己嗎？跟主題有什麼關連？

答：對，這個人應該就是我。我正在喝水，感覺我自己已經工作
　　了好長一段時間，正在休息中。工作時也會太認真投入忘記喝

水，這張卡似乎也在告訴我工作雖忙但過程中記得要多喝水，
才能爭取時間讓自己休息。

問：這有提示了一些可以如何幫助自己的方法嗎？

答：適時的休息，是我現在需要的，還有陽光充足、充滿希望，需
要有足夠的時間出門曬太陽，補充陽光照耀自己的時刻。

未知的

生活中充滿著不可預測的事件與發生。

危機就是轉機，同樣一個畫面，是困境同時也能是脫困之道。

相關概念

面對無法預測的、沒有方向的、未知的狀態、不知道會發生什麼，心中或許有不安與焦慮。

然而，這些無法馬上被解決的情境，如何能在當下穩住自己是重要關鍵。

引導對話

當你抽到這組卡，意味著你可能遇到了一些挑戰或阻礙。

這挑戰或許已經過去了，也或許正在進行式。然而生活中充滿著不可預測的事件與發生，從天氣變化、環境中的各種未知因素、到個人身心健康與生理條件的限制……等。這些在環境中的發生，都是不可控的狀態，也無法以個人的意識去精準控制。

可以感受一下自己的狀態，最近是否有這樣的經歷，跟圖面的情境相似呢？

發生了什麼？你當時是如何回應的？心情與感受是什麼？

這是一種「在不可控制的情境中穩住自己」的能力。

問問自己，你「替自己做了些什麼、採取些什麼行動」？可能是內在的調整或轉念，也可能是外在實際行動的改變，而成為你的資

源與力量，支持你的生活。

危機就是轉機，同樣一個畫面，是困境同時也能是脫困之道。你可以如何運用這圖像的訊息，來協助自己轉化困境呢？這是關於脫困的資源與靈感。

如果這是你過去曾經歷過的挑戰，而你已從這個經歷中學習到些什麼？當你現在看到這張圖的時候，就像是經歷事件後的領悟，在告訴你，你已放下些什麼、改變些什麼、有什麼成長或不同了呢？

第2組：未知的

第2組：未知的

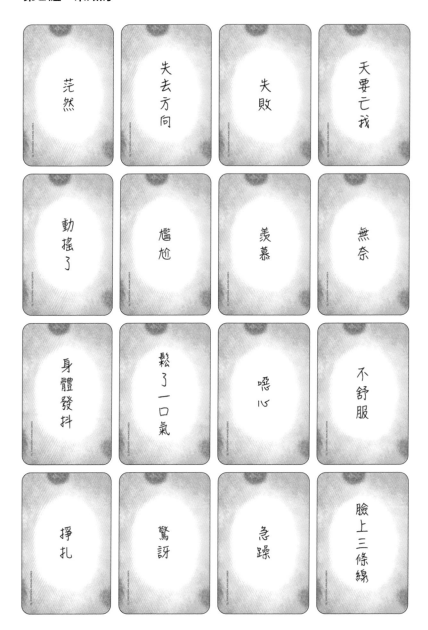

茫然

失去方向

失敗

天要亡我

動搖了

尷尬

羨慕

無奈

身體發抖

鬆了一口氣

噁心

不舒服

掙扎

驚訝

急躁

臉上三條線

用情緒療癒卡喚醒拯救自己的內在力量

抽卡示範

【主題】想要找尋有熱情的生活目標，覺得不能再浪費時間、蹉跎生命了……

問：抽到這張圖，你看到什麼？感覺是什麼呢？

答：我看到一個人踏進車廂，吐出一口氣。但眼神又轉頭在看著後方，好像在擔心些什麼……

問：這讓你聯想到什麼？他發生了什麼？

答：他像是在趕時間，很怕來不及，最後終於趕上了，順利在時間內踏入車廂，車門還未關上。

問：這個人是你自己嗎？跟主題有什麼關連？

答：好像是我，對耶。我好像一邊在往前趕路，一邊又在擔心後面發生的事情。所以我的姿態有點詭異，並沒有真正在看著往前的道路，而是在看後方。如果說跟主題連結的話，這張圖好像

指出了我的困境。我並沒有活在當下的往前看，我也沒有真正意識到自己似乎已經上了車（象徵已完成某些事、已經在路上）了，而是把焦點放在過去，一直在檢討自己少做了什麼、挑剔自己的不夠……

問：這台車象徵著什麼？這列車要開去哪裡？

答：這班列車是我接下來要投入的事，目前我還不知道車要開去哪裡。但我想，我應該要多點信任感，因為我是乘客，我不需要太擔心，對吧！我可以好好坐下來，享受一下風景。

問：這有提示了一些可以如何幫助自己的方法嗎？

答：要先聚焦在「肯定自己」，已經完成或達成了某些事情，先給予自我鼓勵。接著可以更有意識的享受生活每個當下，在做每一件事情的時候，都能找到其中的樂趣與熱情。如果我足夠信任，列車會帶領我去到目的地，或許我不用再擔心來不及、或不必急著趕路，因為我已經趕上了。我想這是我獲得的啟發。

第
3
組

虛累累

負面情緒，造成能量一直「內耗」且空轉運作，因為你深陷其中不可自拔。
事實上，或許最有效的方式並不是「問題解決」，而是與當下內在連結。

相關概念

無力感、疲累感、心很累，沮喪或孤寂。

某些事件發生，引發內外的疲累、能量內耗空轉，導致自己更加身心俱疲。

引導對話

當你抽到這組卡，意味著你陷入某一種負面情緒之中，消耗能量且動彈不得。

負面情緒，可大可小，可能是頭上烏雲罩頂，可能是心碎的感受，或者是恐懼害怕的情結，也可能是身體的疲勞與癱軟無力，更或者是陷入頭腦的迴圈之中，焦慮與煩躁感久久揮之不去，想破頭也想不出來該怎麼辦……

這些情緒，造成能量一直「內耗」且空轉運作，因為你深陷其中不可自拔。當你越急著要跳脫出來，你可能會陷得越深。

一來，你可能沒有意識到這件事情正在發生，或沒有意識到這狀態如何影響你。

二來，你意識到了、或知道了，但認為自己無法處理，或無法有效解決這狀態。

事實上，或許最有效的方式並不是「問題解決」，而是與當下內在連結。

這個情境，或許已成為過去式，也或許正在進行式。但若又被你抽到，這就是一個再檢視的機會。

看著圖，與之連結。回到當下此刻，與自己的感受連結。

感受一下自己的狀態，最近是否有這樣的經歷，跟圖面的情境相似呢？

發生了什麼？你當時是如何回應的？心情與感受是什麼？

問問自己，你「替自己做了些什麼」？可能就只是待著，去感受這個無力與不安，也可能是內在想法的觀察與轉念，更可能是採取實際行動，而這些都是你的因應之道。

進入這感受之中，去「感受自己的感受」時，你又發現了什麼？

又有什麼浮現上來呢？

你可以如何運用這圖像的訊息，來「陪伴自己」呢？

當「看見」自己正在其中，就能有「跳出來」的機會。

在這樣的情境待一會兒之後，可能是十分鐘或十五分鐘，你覺得「夠了」！你開始會有一種「那下一步呢？」、「我可以怎麼調整自己」或「我要站起來」的動能。這個想要往前一步的行動，將帶著自

己前進。

　　另外，如果這是你過去曾經歷過的困境，而你已從這個經歷中學習到些什麼？當你現在看到這張圖的時候，就像是經歷事件後的領悟，在告訴你，你已經放下些什麼、改變些什麼、有什麼成長或不同了呢？

第3組：虛累累

第3組：虛累累

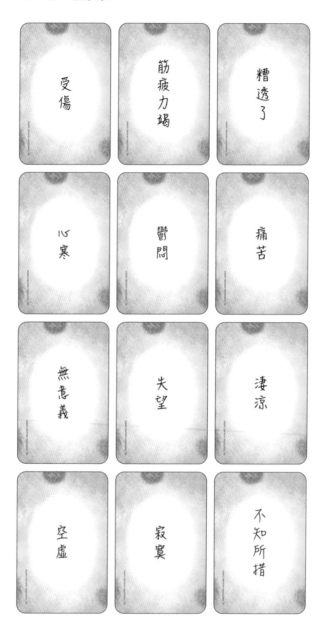

受傷

筋疲力竭

糟透了

心寒

鬱悶

痛苦

無意義

失望

淒涼

空虛

寂寞

不知所措

抽卡示範

【主題】 不知道自己怎麼了，好像都提不起勁……

問：看到這張圖，你有什麼感覺？

答：就很悶呀，頭頂有烏雲，心頭也有烏雲，
整個人不舒服！

問：最近發生了什麼嗎？

答：覺得工作不太順利，與同事相處也不太
融洽，加上天氣又很陰冷，整個人烏雲罩頂。這就是我的狀態
沒錯！

問：感受一下，這個不舒服裡，什麼部分讓自己最不舒服呢？

答：各種不順利，就好像怎麼做都不對，沒有一件事是滿意的。最
不舒服的就是認為自己很糟……

問：想像一下，如果可以有一個魔法把烏雲驅散，那是因為發生了
什麼呢？

答：那就是，太陽出來了！烏雲就不見了。

問：這太陽如果是你生活中的某一個人，會是誰呢？這個人向你展現了什麼特質，給你什麼啟發？或者他會跟你說些什麼嗎？或者你替自己做某件事就像太陽出來一樣，那會是什麼狀態呢？

答：嗯，我想到某一個人，他的活力與自信就像太陽，他會跟我說一切都會過去，烏雲只是一個過程而已，我想我真的可以跟他聯繫一下聊聊天，會帶給我啟發；而我，也可以真的去曬曬太陽，除去自己身上的烏雲。

第

4

組

內心戲

我們的內在只有極少時刻在關注著當下此刻的發生。
無法在當下，就會容易被情緒牽著鼻子走，也被內在根源的信念想法制約，
而失去轉換自如的彈性。

相關概念

　　想像著、期望著、轉折著、感受著，這些內在的小劇場上演了一些劇本，有的是興奮與喜悅之情，而有的是過往記憶的糾結，有的是被想像出來的情結。這些都在腦海中浮現著，演出屬於自己內心世界的劇本。

引導對話

　　當你抽到這組卡，意味著提醒你可以去留意「目前此刻的關注焦點」為何？

　　你腦中播放的，是你的記憶，還是當下的此時此刻呢？

　　覺察到自己正在腦海裡上演著什麼戲碼？是否該適時地喊停！

　　從我們潛意識冒出來的資訊，大多都是源自於過去的經驗、曾經發生過的事情，讓自己內在對話重複播放著過往的記憶。是畫面、是聲音、是情緒、是身體感受的重現，這些「因為過去……而我現在……」影響自己思考與感受的狀態。

　　認真想想，我們的內在極少時刻是關注著當下此刻的發生。

　　無法在當下，就會容易被情緒帶走、被想法牽動，或我們常說被情緒牽著鼻子走，也被內在根源的信念想法制約，而失去轉換自如的彈性。

有時，我們回想起過去某個經驗，接著就跳上回憶的列車、直接被載走。

這樣的發生，不只是帶我們「遠離了當下」，往往還會「越走越偏」，甚至回不來此刻，根本就忘記一開始發生什麼事情，最後被情緒想法整個帶偏（就像與人吵架時，都忘了一開始為何而吵，後面越吵越兇，因為所有累積的過往情緒全部翻上來）。

為何會這樣呢？因為這樣的記憶經驗中「並沒有帶著覺察」。

有覺知的意念，能將我們「把自己帶回當下」！

透過覺察，知道過去的經驗如何影響我們、要不要被影響、要被影響多少？

透過覺察，知道面對這些小劇場上演時，要如何停止、不再深陷其中。

透過覺察，面對真實的內在，能有一個機會好好做清理，釋放這些記憶。

透過覺察，知道些過往經驗帶給我們什麼學習和領悟，甚至轉化成當下的資源。

透過覺察，自己用另一個觀察者的角度，重新觀看自己的發生，進而帶領自己創造未來。

第4組：內心戲

第4組：內心戲

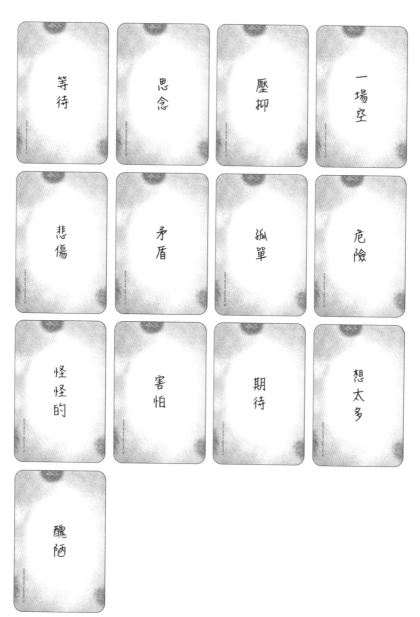

等待

思念

壓抑

一場空

悲傷

矛盾

孤單

危險

怪怪的

害怕

期待

想太多

醜陋

抽卡示範

【主題】針對當下抽牌，沒有特別主題。

問：看到這張圖，看到什麼？有什麼感覺
呢？

答：直覺看到一個人在苦惱，天人交戰。腦
中小劇場，出現天使與惡魔的對話。

問：天使跟惡魔各自代表了什麼，是什麼
樣的對話呢？跟你的主題有什麼關連？

答：天使感覺就是要我選一個對大家都好的結果，惡魔可能就是會
比較自私一點，他要我對我自己好一點。我到底要投靠誰呢？
好掙扎！天呀，也太準了吧！我好像知道了，這跟我最近在想
的立場有關。

自己很想要當好人，想要投靠天使，那是因為我很在乎別人的
眼光。但我內心在掙扎，覺得要先考慮自己比較對，投靠惡魔
比較是我現在想要的決定，先為自己而活。

第

5

組

他人的
評價與觀點

我們生活在群居的社會中，一舉一動多少都會受到他人影響。
落入「比較」的好壞對錯，是我們的「盲區」，深陷其中而不自覺。
練習接受「他人的反應就是會不如自己預期」。

相關概念

　　在意他人的反應，內在有擔心與恐懼，希望獲得認同與肯定。也可以是焦點在自己身上，不在意他人怎麼看或怎麼想，自在的面對各種情境。

引導對話

　　當你抽到這組卡，會發現畫面情境中多了「其他人」。多人情境的呈現，意味著這是一組關於「是否在意他人」的類別。

　　我們生活在群居的社會中，一舉一動多少都會受到他人影響。

　　他人的反應，會影響到自己怎麼想、怎麼做、怎麼感受，進而影響自我價值的判斷，甚至定義了自己是什麼樣的人。

　　可以試著思考：你讓別人的反應來定義了自己多少呢？

　　當你很開心去做一件事情的時候，如果別人也有好的反應，你是否會認為自己做對事情了？有時，你會持續做，是因為別人的反應持續保持正向（或者你知道自己這樣做，別人會開心），這些正向回饋，讓自己也有很好的感受、甚至有成就感，會覺得自己很棒。

　　相反地，如果別人有不好的反應，你是否會認為自己做錯事情了呢？

有時，你會因為別人的不悅而停下來，或者換個方向做，更多時候是選擇對方「能認同、能滿意」的方向去做。

　　因為你不想讓對方不開心，擔心對方不喜歡自己，更多是希望獲得對方的認同與接受。

　　於是，我們被他人的反應制約了，把「對自己滿意與否」的決定權交出去，交給他人來定義。

　　在他人決定為主的事件中，例如公開場合面試或報告的情境，我們未來的結果確實是取決於主考官的評價。就算結果不盡如人意，我們也要學習轉念的功夫，如何能在當下先接住自己的不安與焦慮，接著更精進自己，補強可以進步的空間，讓自己獲得一個強化升級內外能力的機會。

　　回到自身能決定的事件中，千萬不要用他人的評價來定義自己是誰，第一步就是要先回到自己身上，要意識到自己正陷入這樣的「在意」狀態之中。問自己「究竟在意什麼」？真的有這麼值得自己花能量去在意嗎？如果這個在意沒有影響自己，那會如何呢？

　　確認自己正在做的事情，是否是自己真正想做的，先把立場站穩。

　　同時，也要練習接受「他人的反應就是會不如自己預期」。

「我自己想要這樣做，我也接受別人會不開心、對我失望。」

這是一個再確認的機會，確認哪一個選擇是符合自己的目標或渴望，而不是別人的期待。

落入「比較」的好壞對錯，是我們的「盲區」，深陷其中而不自覺。

別人比較好、我比較不好。出現自卑情結與丟臉感受。

我害怕自己沒有符合別人期待，我就是不好的。給自己深深的自責和愧疚感。

有時，我們擺脫不了這樣的情緒與思維，會無意識地讓自己陷入憂鬱狀態或受害者模式，以弱者低姿態來博取認同與同情，這是一種不健康的模式，是一種防衛機制，讓自己避免被責難。

第5組：他人的評價與觀點

抽卡示範

【主題】

**想知道目前的計畫要不要繼續執行,有點卡住
了,究竟卡在哪裡呢?**

問:這張圖,你直覺看到什麼?注意到些什
　麼?

答:前方的人,低著頭面對自己的影子,眼
　神卻飄向身後,偷瞄兩個光鮮亮麗,正
　在聊天的人。

問:你自己是哪一個呢?在想什麼?

答:我自己就是前方低頭這位,一直想著這個計畫中自己不足的地
　方(影子),以及別人可能會比我做得更好(後面兩人),就是
　一直注意著這些自己可能會失敗的點,結果真的卡住了!

問：那可以怎麼做讓事情不卡住呢？

答：我要先回來確認我自己最想做出來的部分是什麼，而不是一直
去管別人怎樣，就算別人做得很好，我也不要東張西望，要把
焦點帶回到自己身上的優勢，不要一直去看陰影。

第

6

組

關係連結

連結感，能夠消融我們的內在寂寞，也能夠化解在生活中的自我孤立。
當我們把自己的意識擴展到更大層面時，那股「只有我一個人」的個人內在的孤獨感也瞬間消失。

相關概念

透過互動，產生連結，包含人與人的連結、與動物的互動、愛地球的環保、在大自然中與土地的連結、天使界的存有，守護及合作，替自己的生活帶來新的情緒感受。

引導對話

當你抽到這組卡，意味著人際互動的「連結感」，對你來說是個很重要的資源。

你可以享受獨處，喜歡自己一個人的時光，擁有自我的空間與時間，這是一種能力。

同時，你渴望連結，透過與陌生人產生互動、與親朋好友連結、與大自然與寵物連結，更能創造出另一種生命連結感及隸屬感的火花。

連結感，能夠消融我們的內在寂寞，也能夠化解在生活中的自我孤立。

有互動，所以產生連結，那是人性中的本能。

爬山的時候，與迎面而來的山友互相打招呼，甚至是對著高山樹林問好。

旅行時，看到路旁有人在繪畫寫生，給予肯定的支持，傳遞溫暖的關懷。

　　偶爾宅在家太久，也會想要出門去到咖啡廳待著，感受與其他人共同在一個空間的某種連結。

　　遇到思緒卡住或做某件事碰到瓶頸時，總是想要找人說說話，那種人際連結一開啟，彷彿就接通了某一個頻率，也打通了一些內在思路。

　　許多人喜歡服務他人，透過付出的行動與他人連結，感受到連結感的底層有一種意義感，覺得自己可以有能力透過這種連結方式，帶給人們微笑與幸福。這也就是為什麼許多人在參與服務活動後，感受到自己的生命更美好有活力。

　　連結有三個層次：與自我連結、與他人連結、與天地連結。

　　偶爾，人際關係連結已經很足夠，內心仍感覺有一股更深的渴望，於是開始尋找與天地連結、與天使連結、與神性連結，走向更靈性的領域，探索更多不同連結的可能性。我想，這就是與環境中更大的存有連結的層次。

　　當我們把自己的意識擴展到更大層面時，那一股「只有我一個人」的個人內在的孤獨感也瞬間消失。因為自己更清楚意識到，在

這世界上不是自己一個人，而是在有形與無形的時空中，有著不同存有，還有地球母親與天空父親的神聖存在。

　　當你看到這組卡出現時，正代表著鼓勵你：有意識的感受連結、創造連結，增加連結感，都是一種愛的連結，都能在此刻協助建立你生命的寶貴資源。

第6組：關係連結

第6組：關係連結

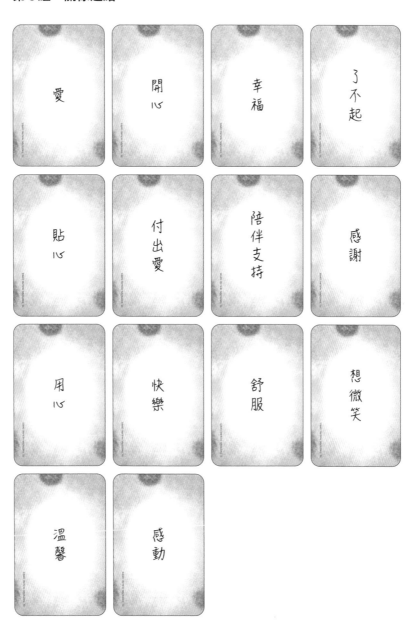

愛

開心

幸福

了不起

貼心

付出愛

陪伴支持

感謝

用心

快樂

舒服

想微笑

溫馨

感動

抽卡示範

【主題】關於目前當下的提醒與建議。

問：這張圖的畫面，直覺看到了什麼呢？

答：感覺很有愛，有一位抱著地球的天使，
　　背後的翅膀形成一顆愛心形狀，並散發
　　光芒。我們好像站在前方，得到祝福的
　　感受。

問：那這樣的感受，是給自己當下什麼提
　　醒呢？

答：感覺那位天使的樣貌和人一樣，在告訴我身邊有像天使般的貴
　　人會眷顧我，給我幫助。而且是一種守護，像是整個地球的愛
　　無條件支持我，我也要這樣無條件愛自己。還有看到人與人的
　　連結，像是提醒我，與人的連結要把焦點放在彼此愛的互助合
　　作上。嗯，抽了這張卡，感覺充電滿滿呢！

練習
自己來分類

經過前面的分類方式後，現在要更進一步，邀請大家來替自己的牌卡進行分類。

進行牌卡分類時，以下幾個步驟能一步一步地帶著自己前進。

1. 拿起整套牌卡，先把圖卡八十張（紅色）與字卡八十張（藍色）分開。

2. 拿起八十張圖卡這一疊，依照自己的主觀感受去做分類。

   對你來說，哪幾張圖的感受比較相近類似，你就把這些圖卡放在一起。

   分成幾類都可以，允許自己隨心分類，依照直覺去進行就可以。

3. 分類過程中，觀察自己冒出來的感受與想法，任何的念頭都可以記錄下來。包含任何的微表情、皺眉頭、困惑、不確定。

   現在的你，冒出什麼來了？（畫面、人物、事件、感覺、過去記

憶、身體感受、想法……）

有沒有任何一張圖卡是令你比較遲疑、困惑、不太確定的。可以把不太確定的，都先放一旁，待會兒再回頭來處理。做第二次篩選與分類。

4. 分類大致完成後，要開始進行「命名」，把你分好的所有類別，個別以一個詞、一句話或一個關鍵字，來定義「這是什麼類別」，也就是給一個「標籤」的意思。

5. 圖卡完成後，依照剛才的步驟，進行八十張字卡的分類。一樣依照自己主觀感受的判斷來分類。對你來說，類似的情緒感受就可以歸成同一類別，並接著加以命名標籤。

6. 給予標籤命名的同時，再次與自己連結，這些標籤與自己的關連是什麼呢？與自己目前當下的生活又有什麼關係呢？可以寫下來，替自己做些疏理。

思考人生，與自己連結

藉由分類來認識自己最重要的面向。

剛剛在分類的過程中，你冒出些什麼了呢？是否有讓你聯想起自己如何被分類，或者自己是如何替他人做分類的？

你曾經有被貼標籤的經驗嗎？那是什麼樣的標籤？

別人貼在你身上的標籤，你自己是否認同？

社會給予的標籤與期待，許多時候是自己不認同的標籤，但是你有沒有發現，最後自己卻又默默被潛移默化？

參考別人的做法，會比較安全嗎？

若別人分成四個類別，你有十個類別，你有什麼想法？

若別人分成十個類別，而你分成四個類別，你又有什麼想法？

你跟別人都不同，那你會如何看待這樣的自己？喜歡這樣的自己嗎？

我們生活在群居的社會之中，難免會一直有各種「比較」發生。

從小到大被標籤以及被分類，都是一種被制約的過程。

投射卡的精神，強調獨特與原創性，因為個人生命經驗的獨特，你會分類出專屬於你自己的版本，你有你自己的主觀詮釋，因此也沒有任何人的分類解釋會跟你一模一樣。

　　透過分類，我們與自己靠近，知道自己的渴望，開始有機會、有空間與自己進行對話。這是一個發現自我的歷程，更是相當寶貴的一段旅程。

　　投射卡給予我最大的啟發，就是自己拿回生命主導權，自己給的投射自己定義，自己的命名與標籤，也只有自己能給予。相同的，他人的自我投射與詮釋，我們也予以尊重，並理解每個人都有自己的生命脈絡與經驗。

　　分類過程可以自己獨立完成，也可以一群人一起進行。

　　當你看見自己與他人不同的的命名與詮釋時，互相激盪的過程，多了一份同理與接納。理解自己與他人的差異，接納彼此的不同，尊重多元並存的世界正在你的眼前。

　　讓我們一起保持開放的心，持續進行與自我連結的對話。

Chapter

4

重新遇見自己的
10道指引

> " 透過媒介或牌卡工具，能創造空間，讓對話發生。 "

　　情緒療癒卡，讓我們能帶著好奇心，開始對自己內在的發生「產生好奇」，帶領你回到內心，與自己連結，並碰觸內在的潛意識。因此，不是當作占卜工具來使用，也不是用來預測結果與答案。

　　本章介紹的十道指引，是重建自我對話的使用方法，透過情緒療癒卡，不需等待另外一個人，不需要擔心隱私會讓別人知道，只需要準備好自己，隨時都能開始個人的探索時光，當下就能完成一場療癒對話。

　　當然，如果你有很好的對話對象，可以邀請他一起同步抽卡，彼此分享。

抽卡的情境

　　沒有特定主題：可以在沒有任何具體問題的情況下就開始抽卡。適用於沒有任何想法、或單純就是想抽卡時，讓卡片引導出此

時此刻的內在議題。抽出來的卡片可當作「引導初步方向」，能更順利地接續到後面的抽牌。

有特定主題：確定想要了解的主題後再洗牌與抽牌。

適用於有想要特定探索的主題。

在抽卡前先釐清想要詢問的主題是什麼，聚焦一下問題的方向：

你可以在心裡一邊想，整理思緒：

· 「我想問什麼呢？」

· 「我想了解或探討什麼？」

· 「我目前最關心的是什麼呢？」

· 「我心裡有什麼期待嗎？」

· 「我是否已經有預設的答案呢？」

· 「希望透過牌卡能幫助我什麼呢？」

· 「想要牌卡給我什麼建議嗎？」

怎麼問問題

　　建議詢問「開放式問題」，例如How、What、Why式的問題（較易從探討內心層面的角度來看待）。

　　例1：我想要達成某一個目標，牌卡可以給我什麼啟發和提醒？可以如何達成？

　　例2：我目前的內心呈現什麼狀態？我想知道我內在潛意識訊息。

　　例3：為何內在會如此糾結？我在擔心什麼？

　　不建議詢問是或否、何時等「封閉式問題」，這樣容易導向算命或二元結果論。

　　例1：我和他在一起好嗎？我買這個投資會賺錢嗎？

　　例2：我何時會遇到真命天子呢？

　　準備好媒材，帶上自己的心，我們開始吧！

暖暖身：
簡易問句練習

接觸自己內在的通用問句，與自己連結的簡單提問。
與自己內在形成連結，你會意識到自己爲何選這張牌卡。

適用時機

想要輕盈地與自己互動，不必多張或複雜的牌陣，只需一張卡，與自己內在碰觸。

接觸自己內在的通用問句，與自己連結的簡單提問。這些問句，適合使用在任何一張牌卡上。在進行的當下，依照牌卡本身的情境內容去做細節微調即可。

使用方式：選牌

把全部牌卡攤開，讓自己能夠看得到所有卡片的正面。看著圖卡與字卡，依照當時的直覺選擇一張。

步驟1：你看到什麼？描述一下這裡面的畫面和場景，或者文字。

步驟2：你直覺想到什麼？特別是直接冒出來的、一閃而過的靈感是
　　　　什麼呢？

步驟3：第一眼看到的心情感受是什麼呢？

步驟4：這樣的感受，與你最近的狀況是否呼應？或者與你一直以來
　　　　在意的部分呼應了嗎？

步驟5：升起這些感受時（無論是正向或負向），你想怎麼回應這些
　　　　感受呢？

　　補充：可以善用「人、事、時、地、物」，請你依照直覺，把所
有想到的都描述出來。
　　參考指引2的「5W&1H」問句來引導出更豐富的資訊。
　　指引1採用的是「選牌」的方式，比較容易與自己內在形成連
結，因為你會意識到自己為何選這張牌卡。

⊶ 「抽牌」V.S.「選牌」的差異 ⊶

本書介紹的用法，有選牌與抽牌兩種不同方式，說明如下：

抽牌

適用時機：

想要在抽卡時不受到頭腦判斷的影響，就用這個方法。

蓋牌：把卡片的圖面朝下洗牌，在看不到圖的狀態下憑著自己的直覺抽卡。這樣的狀態，卡片較會反映出自己沒有發現的、較少覺察到的部分，屬於「潛意識層面」的訊息。

選牌

適用時機：

·對於不太容易聯想、不太會表達的抽卡者可以嘗試使用。

·想要直接讓抽卡者反映出某個特定議題的想法。

·對話時間有限，或者想要做結尾的狀況。

把牌面朝上，看著牌面「選牌」。這樣的狀態，卡片較會反映出自己「已經知道」的部分，例如：

　·選出三張字卡代表自己現在的情緒狀態。

　·選一張自己不喜歡的牌卡。

　·選一張自己渴望成為的樣子、希望的夢想畫面。

　·選一張最能吸引你的圖卡。

　·選一張最呼應此刻心情的一張牌卡。

　　指引1採用的是「選牌」的方式，比較容易與自己內在形成連結，因為你會意識到自己為何選這張牌卡。

指引
2

自我教練技術：
養成自我對話習慣

以不同的角度出發，向心發出詢問。

開始形成一種內在對話的新策略，對自己提問的同時，更是練習與自己好好在一起。

適用時機

適用在「有意願想要與自己對話」時，任何情境或主題都可以。經常練習後，便能開始形成一種內在對話的新策略，對自己提問的同時，更能練習與自己好好在一起。

使用方式：抽牌

把牌卡分成字卡與圖卡，牌面向下，分別洗牌後，依照當時的直覺抽取卡片。

步驟1：把圖卡與字卡分成兩堆，分別洗一洗，以蓋牌的方式分別抽出一張圖卡與字卡。

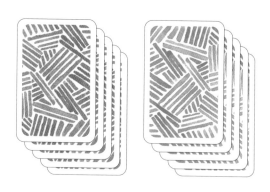

步驟2：這兩張卡同時在你眼前，運用5W&1H問句法，嘗試與自己連結。

～◎～ 5W&1H問句法 ～◎～

5W&1H問句包含：Where、When、Who、Why、What、How。

以不同的角度出發，向心發出詢問，能夠更深入地了解自己。

底下是問句使用方式及範例。

Where

這是哪裡？這是什麼地方？猜猜這可能是哪裡？

某某（東西、人……）要去哪裡？

這場景我熟悉嗎？是哪裡？它和我生活關連的地方有何相異、相同處？

When

什麼時候我會出現這樣的狀況（表情、情緒、行為）？

有沒有最近發生的例子？或者直覺想到一個曾經發生的例子？

Who

我認為這是誰？

這是我嗎？如果這不是我，那這會是誰呢？

我在哪裡？我在這張圖上的哪裡？在畫面中嗎？或者在畫面之外？

如果圖中還有其他人，並且他或他們與我的生活有所連結，另外的這個人或這些人會是誰？

Why

為什麼某某（東西、人……）在這裡？

我為什麼會在這裡？為何我會做出這樣的動作或姿態？

好奇著，為什麼自己會深陷在這種情緒之中？為什麼內在會冒出這樣的質疑？

What

我看到什麼？我認為這是什麼？我的感覺是什麼？

我的感覺，我的直覺是什麼？

什麼畫面、念頭或想法在腦海中冒出來？

他們（東西、人……）在做什麼？什麼情形我會這樣做？

什麼情況之下，我會做出這樣的反應或行動？我想要做什麼？

接下來會發生什麼呢？是什麼在困擾著我？

我現在是扮演著什麼樣的角色在說這段話？

我可以做些什麼好好照顧自己的情緒？

How

我認為接下來可以如何進行、可以如何做？

我想採取何種方法、何種步驟？我會如何達到？

我想如何定義它？我是如何感覺的？

面對我的生活，我是如何看待的？

遇到了這些事情，我是如何面對的？

我和某某（人、事、物）的關係如何？

我可以如何照顧自己的心情？

如果我接受事實、接受這個失落，那我會如何？

「5W&1H」提問，適合帶入所有情緒療癒卡的用法之中，把這些提問放在心裡，內化成自己的對話方式。

字卡的
選牌使用

內在湧現負面情緒時，接住自己、陪伴自己，為自己聚焦情緒與療傷。
強化正面情緒，把曾經獲得的祝福與正向力量帶到回生活中。

適用時機

適用在整理心情，疏理情緒與想法，辨識自己的感受。

使用方式：選牌

把全部牌卡攤開，讓自己能看到所有卡片的牌面。看著字卡，依照當時的直覺選擇卡片。

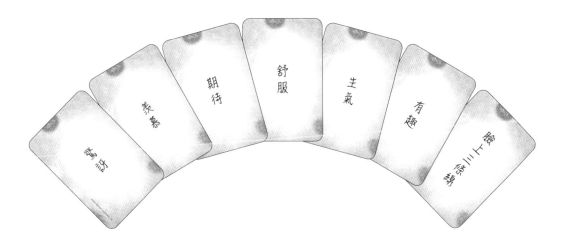

糾結的主題

━━━━━━

　　在心裡過不去、亂成一團，或內在湧現負面情緒時使用。能夠更深入理解自己，為自己聚焦情緒與療傷。

步驟1：回想一段負面感受的經歷，可能是生氣、傷心、失望或者糾結。當時發生了什麼呢？在哪裡、有誰、經過是如何？

步驟2：在這之中，有哪些情緒呢？拿出整疊的字卡，把出現的相應字卡找出來。不限制張數，讓自己隨心即可。

步驟3：看著這些字卡，把比較相近的字卡聚集成一組，並替這些小組命名。感受並觀察自己是如何分組的？

步驟4：看到這些感受時，自己又是如何感受的？有什麼從心裡或者腦袋裡冒出來了嗎？

步驟5：你可以如何接住自己、陪伴自己這些心情呢？或者你想要如何療傷呢？接著，如果你想要，再從字卡選出一張或兩張「你想要的品質」，來支持與轉化前幾個步驟所出現的感受。

步驟6：回到實際生活中，你可以如何幫助自己並實踐自我照顧的行動？

感恩的主題

在想要強化正面情緒時使用。讓自己獲得更多祝福。

步驟1：回想一段正面感受的經歷，可能是感到滋養、被愛、支持或幸福。當時發生了什麼呢？在哪裡、有誰在、經過是如何？

步驟2：在這之中，有哪些情緒呢？拿出整疊的字卡，把出現的相應字卡找出來。不限制張數，讓自己隨心即可。

步驟3：看著這些字卡，把比較相近的字卡聚集成一組，並替這些小組命名。感受並觀察自己是如何分組的？

步驟4：看到這些感受時，自己又是如何感受的？有什麼從心裡或者腦袋裡冒出來了嗎？

步驟5：在這過程中，你最想感謝的部分是什麼？最想感謝什麼人？如果你想要，可以再從字卡選出一張或兩張，延續並深化這些感謝的感受。

步驟6：接下來，如何把以上獲得的祝福與正向力量帶到回生活中，替自己找到立即可做的實踐行動。

指引
4

五步驟問法

特定主題的深度探索，釐清內在更多層面的自己，發現可能存在的盲區。
結合圖卡與字卡，找到內在靈感。

適用時機

適用在想要好好探索某一個特定主題時，釐清內在更多層面的自己，發現可能存在的盲區。

使用方式：抽牌

把牌卡分成字卡與圖卡，牌面向下，分別洗牌後，依照當時的直覺抽取卡片。

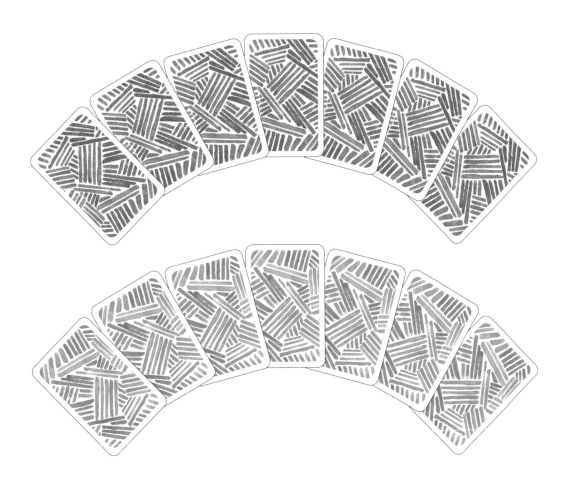

步驟1：洗牌之前，先在心中想一個問題，過程中一邊洗牌。

你可以問：

· 我今天要學習的課題。

· 請給我一個本日指引。

· 我目前最需要的訊息是？

· 我跟某人的關係課題是什麼？

· 我遇到某件事，是要我學習什麼呢？

· 我做某個決定會如何？

· 我採取某個行動會如何？

· 我目前所遇到的困境可以如何解答？

· 請內在給我一個靈感。

· 第一次用任何牌卡時，可以詢問「這一套卡最能夠幫助我的部分是？」

步驟2：以直覺隨意地抽出一張「圖卡」。

先仔細地觀看牌面上的「圖」，用直覺細細體會抽牌當下的「感覺」。

這張圖與你有任何相關嗎？與主題又有什麼關連？

留意自己心中冒出的任何想法、話語、感觸或畫面。這是重

要的過程，同時也賦予這張牌個人化的含意。

步驟3：以直覺隨意地抽出一張「字卡」。

看到牌面上的「文字」，一樣留意腦海中浮現的任何想法、話語、感觸或是畫面。想到什麼呢？

這是你的狀態嗎？還是出現了過去的經驗呢？

步驟4：圖卡與字卡連結。

兩張串在一起，與主題、與你有什麼關連？

記得自己能夠透過祈禱、觀想與正面的肯定語句，改變調整發展的情況與結果。

步驟5：豐富訊息的層次。

若想要繼續探索，可一張接一張地抽牌，多張牌的呈現，能疊加更豐富的資訊。

如果你覺得已經獲得足夠訊息，就先停下來，這樣就算是完成囉！

如果還有更進一步的問題或希望更清楚的說明，可以單抽一張圖卡或字卡當補充牌。

經典七步驟：
完整版療癒歷程
（指引 4 的進階版）

好好探索內在潛意識的自己，與內在渴望連結。
講一個新的故事，為自己的生命故事重新敘說。

適用時機

適用在想要好好探索內在潛意識的自己，與內在渴望連結時。可以針對某一個特定主題做探索，也可以沒有任何主題就開始抽牌，讓牌卡帶著你前進。

使用方式：抽牌

把牌卡分成字卡與圖卡，牌面向下，分別洗牌後，依照當時的直覺抽取卡片。

步驟1：隨機抽一張「圖卡」。

請描述你看到這張圖卡的感覺、直覺形容詞（……的）。

請用第一個浮現出來的感覺畫面或念頭來形容一下，寫下來。

你覺得這樣的感覺是比較偏向舒服一點還是不舒服一點呢？

正向多一點，還是負向多一點呢？

可以進一步辨識：在你心中，這樣的感受是在「情緒光譜」中的哪個向度，以及了解「這樣的情緒，背後連結著什麼樣的生命經驗」。

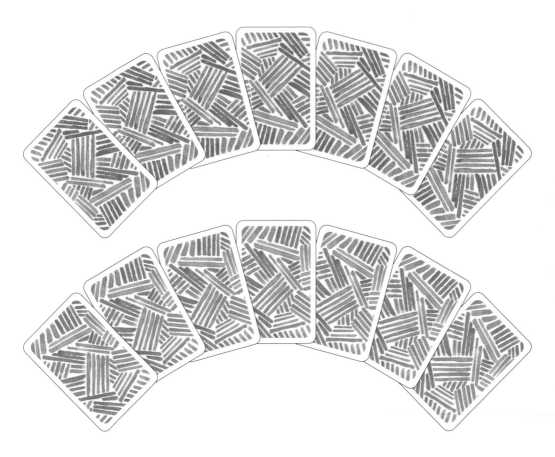

步驟2：針對這張圖卡，看圖說故事。

你看到什麼，描述一下這裡面的畫面和場景。

人、事、時、地、物，請你依照直覺，把所有想到的都描述
出來。

可以參考「5W&1H」的問句來引導自己說更多。

⊱ 圖卡的感受引導 ⊰

有些人會容易被「圖像中的畫面」限制住，會一直盯著畫面看，就是想不到與自己有什麼關連，並且認為「沒有啊，我現在的生活狀況沒有這樣啊！」而無法產生與自己的連結！

請大家還是要記住一個概念，這個畫面常常是一個「象徵」，代表某一種「內在情境的投射」。所以這個時候，可以先把這張圖卡蓋起來，以直覺感受來連結：「剛剛想到的緊張，最近有沒有什麼事情最讓我感覺到緊張的呢？」或是「我剛剛描述說這個烏龜不知道要去哪裡，看著海邊但是有點茫然，那麼，現在的生活中有沒有什麼事情讓我感覺到茫然、不知道要往哪裡去的感覺？」；可以輕輕把眼睛閉起來，感受一下與自己的連結。

步驟3：與自己產生連結。

如果在你剛才的描述裡面，有些與你現實生活相關連的地方，那會是什麼？

最近有沒有什麼情緒、場景、事件、與自己或他人的關係，與剛才的圖卡有些相似的地方，如果有，那會是什麼？（還有沒有什麼想說的？）

進入下一個抽字卡的步驟前，先把前一張圖卡蓋起來，這樣一來，可以單純化對字卡的聯想，減低前面圖卡故事情節的干擾。

步驟4：針隨機抽一張字卡，感覺或定義。

當你看到這個詞的時候，你的感覺是什麼？

你認為這個詞是什麼意思，你會如何定義它？

（可以在描述定義後，用更貼近抽卡者語言的「新的詞」來取代原本這個詞，參考「字卡的感受引導」。）

什麼樣的情況會讓你有這種感覺或想法？什麼情境會發生這個詞面上的狀況？

❧ 字卡的感受引導 ❧

　　大部分的文字，都是名詞、動詞，或感覺的形容詞，接在圖卡之後翻開字卡，能引發抽卡者更多的聯想，勾勒出內心真正的想法、面對真實的感受。

　　經常發生的情況是，抽到「失敗、受傷、痛苦、丟臉、醜陋」等明顯帶有負向情緒的字眼時。

　　抽卡者常會因為看到這個字，就會問：「所以我做這件事會失敗嗎？」

　　在這裡可以引導的部分是，幫助探索你心中「害怕失敗」的議題，或「一直覺得自己會失敗」的自我打擊信念，而非直接認定自己真的會失敗的結果論！

　　字卡是內心的反映：是自己對自己的情緒、自己對自己的想法。

　　圖卡是內心的投射：你現在就是呈現像圖卡這樣的狀態（當下的），或你現在不像圖這樣的狀態，但是你渴望這樣的狀態（期望的）。

這個詞讓你直覺想到誰、或想到什麼事情或畫面嗎？

你最近是否有這個詞描述的狀況？

步驟5：字卡與圖卡連結。

把圖卡打開，將圖卡與字卡放在一起，這個組合讓你聯想到什麼？

如果有個句子可以形容，你會如何造句來描述自己呢？

用字卡的定義來連結前面圖卡的描述。

步驟6：重複以上步驟1至5，直到感覺「足夠」或「可以了」為止。

每次再往下抽時，可以問問自己「還想再抽嗎？」或「我想再問什麼呢？」、「訊息足夠了嗎？」

若有什麼引發你更多的好奇，你想接著詢問什麼呢？

你可能會說：「抽到這裡，我知道了現在潛意識呈現是這樣的畫面之後。我接著想了解，我是卡在什麼問題上？接下去我又可以怎麼改變呢？」

再次依照步驟1至5快速進行。

❧⟋ 圖卡與字卡無法連結的時候 ⟍❧

如果這個時候無法連結、卡住了，講不出連結的描述時，請先把圖卡與字卡「拆開」，試著整理摘要一下剛才圖卡和字卡對你本身的連結，有時候這樣一拆開，就會有神奇的領悟產生了，有一種「Oh！我懂了！」的感覺。

如果圖卡和字卡拆開後還是無法聯想，就可以進到下一階段，答案可能會在後面的卡片裡撥雲見日！

在這一組「圖卡＋字卡」完成後，可以把它先蓋起來，讓下一組「圖卡＋字卡」能述說得更純粹，不受到前面的影響。

全部抽完後，重新整理一下這些卡的描述，做個摘要，看看
是不是有什麼發現？對於現在生活的困境或議題，可以採取
什麼調整的行動。

步驟7：重新解構。

將圖卡全部拿起來，圖卡與字卡都可以重新任意排列組合。
講一個新的故事，爲自己的生命故事重新敘說。

最後，整體回顧，在這整個過程中，有什麼學習或領悟呢？

指引

6

脫困牌陣

探索內在渴望，進而帶出能轉化困境的資源，
並找到下一步的行動方向。

這是由四張牌卡組成的牌陣，分別代表現況、困在哪裡、解決之道或脫困方法、下一步行動。

適用時機

適用於遭遇到特定困境時（第一張，現況），想要好好探索內在的自己，究竟發生了些什麼（第二張，困在哪裡），有機會探索內在渴望，進而帶出能轉化困境的資源（第三張，解決之道或脫困方法），並找到下一步的行動方向（第四張，下一步行動）。

使用方式：抽牌

把牌卡分成字卡與圖卡，牌面向下，分別洗牌後，依照當時的直覺抽取卡片。

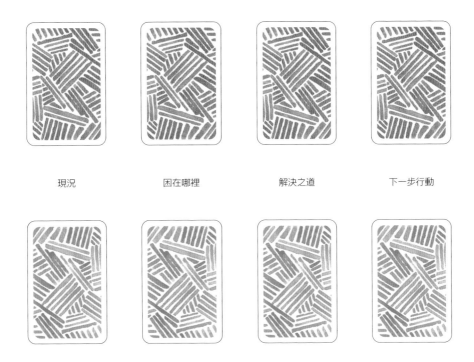

現況　　　　　　困在哪裡　　　　　　解決之道　　　　　　下一步行動

步驟1：確認主題後，洗牌，並依照順序抽出四張圖卡，從左到右排列。

第一張：代表目前當下心境的反映，對於困境的狀況有更多了解。

第二張：代表面對困境時，出現的阻礙與卡關的點是什麼，指出我們沒有看見的盲區。

第三張：代表能夠轉化困境的資源，也就是解決之道、脫困的方法。

第四張：代表這個困境朝某個方向解決之際，實際行動可以怎麼做。

步驟2：洗牌，並依照順序抽出四張字卡。

把四張字卡對應到四張圖卡，是否有其他更多不同的靈感、啟發或提醒。

指引

7

三層面牌陣

從意識、潛意識、心靈建議與身心靈兩種不同的進路，
提取不同意識層面給予自己的靈感與建議。

適用時機

適用於想知道不同意識層面給予自己的靈感與建議時，適合用在任何主題探索。

使用方式：抽牌

把牌卡分成字卡與圖卡，牌面向下，分別洗牌後，依照當時的直覺抽取卡片。

三張牌陣（一）：
意識、潛意識、心靈建議

確認主題後，洗牌，並依照順序抽出三張圖卡與字卡（一張圖卡對應一張字卡），解讀你內在三個不同意識層面的狀態。

第一張意識（中央），你所知道的部分。

第二張潛意識（右下角），你所未發現的層面。

第三張是心靈的建議（左上角），以智慧的眼光來看，你目前需要調整些什麼。

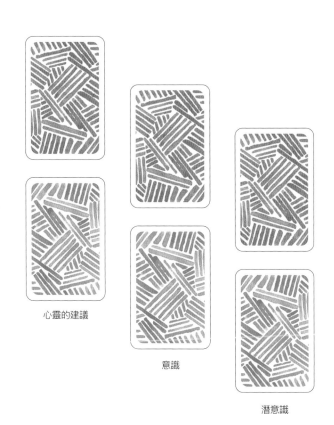

心靈的建議

意識

潛意識

三張牌陣（二）：身、心、靈

　　確認主題後，洗牌，並依照順序抽出三張圖卡與字卡（一張圖卡對應一張字卡），解讀你身心靈三個不同層面的狀態。

　　第一張身：（左下角），身體、物質層面的訊息。

　　第二張心：（右下角），情緒、心理層面的訊息。

　　第三張靈：（上方），靈性、神性層面的訊息。

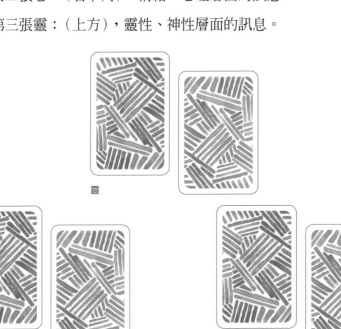

一杯茶時間
直覺練習

對你的內心探問，直接說出內心所感覺到的、想到的一切。

【引導】先不管對錯，你說了算～你覺得這是什麼，它就是什麼。

【引導】你猜……沒關係。你猜猜看……這可能是……

【引導】如果你知道／你有答案的話，這是……

【引導】信任你的潛意識，直覺回答我……

【引導】信任你的心，直覺會說……

自我引導

【引導】如果我知道的話，這應該是……

【引導】如果我有感覺的話，這個感覺比較接近……

【引導】我想我可能知道……

【引導】如果我內在的智慧有話要說，我想這是要告訴我……

指引
8

金三角
自我對話

一種自我訓練、自我照顧的方式。
一人分飾三角,帶著對自己的好奇心,進行自己內心的覺察,去感受當下的觀察。

用情緒療癒卡喚醒拯救自己的內在力量

適用時機

適用於想要覺察自我的時刻，喜歡內在自我對話者，此為首選用法。

使用方式：抽牌

把牌卡分成字卡與圖卡，牌面向下，分別洗牌後，依照當時的直覺抽取卡片。

金三角練習

金三角練習的重點，是在練心的意圖，帶著對自己的好奇心，進行自己內心的覺察，去感受當下的觀察。包括身體的感受、身體的回應、回應當下的發生。把金三角拆成三個角色：我、你、他。

在三角形中，會有三個定位點，最上方是觀察者，用一個比較高的視角來看。左邊定名為提問者，右邊是回應者。有的時候我們

心裡在天人交戰時，會突然有一個聲音：幹嘛想這些呢？這個時候冒出的這個聲音，這時候的這個自己，我們會將他稱爲觀察者。就像有一個第三方的角色在觀看，所以這是一個觀看的人。提問者負責丟問句、提問題。回應者負責回答。觀察者負責看。

提問者負責「問」，問句只有一個：現在的你冒出了什麼？現在有什麼冒出來了？

回應者針對當下「回應」，關於此時此刻想到什麼、感受到什麼的任何描述。

觀察者負責「看」，看提問者如何問、回應者如何回答、同時要看他自己，自己的內在有什麼起心動念的改變。

觀察者

好奇心

提問者　　　　　　　　　　　　　　　　回應者

三分鐘

閉上眼睛，深呼吸，練習三個角色在你內心「輪流走位」。

張開眼睛，再做一次深呼吸，剛剛這三分鐘發生什麼事了呢？

你覺得你自己最熟悉哪個角色？哪一個是你最常有的樣子？

哪一個是你最自在、喜歡的角色、樣子？

哪一個是你比較不喜歡、特別緊張或是有壓力的角色、樣子？

回到提問者和回應者的互動，你覺得比較舒服的提問和回應的節奏應該是什麼？

抽卡

帶著金三角的覺知，拿出情緒療癒卡。

將圖卡和字卡展開之後，我們用金三角來練習「問、答、看」。

步驟1：我們現在沒有針對任何的主題來抽牌，先抽一張圖卡。帶著金三角的覺知，直接翻開，把心裡冒出來的想法寫下來，針對當下看到的做出回應。

提問者：現在的你冒出了什麼？

回應者：（寫下你直覺的回答。）

觀察者：觀察一下自己的提問和回應。

步驟2：現在把圖卡蓋牌放一旁，直接抽一張字卡，一樣請提問者準備，接著回應者「答」，觀察者「看」。

步驟3：把圖卡和字卡都翻開，放在一起組合。

提問者一樣提問，有什麼冒出來了呢？現在的你針對當下回應。

抽到任何的圖卡字卡、任何的組合，對你來說都是有意義的。可能是提醒、鼓勵、肯定、加油打氣，都有可能。

步驟4：結尾。這一組圖卡和字卡，要告訴你什麼呢？要給你什麼提醒鼓勵或加油打氣呢？如果這是一個要給你的訊息，代表你為什麼會抽到它，你覺得它在說什麼呢？

自己走金三角，可以說是一種自我訓練、自我照顧的方式。

接下來的自由書寫，可以說是金三角對話的應用篇。

讓自我對話，透過書寫的歷程進入心流，讓內在文思流瀉出來。

指引
9

自由書寫

透過書寫的歷程進入心流，自我對話，
讓潛意識的訊息流洩奔騰。

適用時機

適用於想要讓潛意識訊息流洩奔騰、天馬行空的時刻，喜歡透過書寫的方式來進行自我對話者，此為首選用法。

使用方式

步驟1：準備工作。

拿出筆記本與一枝好寫的筆，筆記本翻到新的一頁。

把浮現上來的所有句子都寫下來，不需要篩選腦中的對話什麼該寫、什麼不該寫。

想像自己往前奔跑，不必回頭看已經寫過的字，就是一直往下寫，筆不能停。

書寫時，不需要修改已經寫下的字。

書寫時，不需要去組織自己的句子，不需要很有邏輯架構。

這是一段與自己的對話，請安心地真實書寫。不必假設這要

寫給誰看，沒有人會檢查你的書寫。

步驟 2：開始書寫。

帶上自己，帶上你的心，做三次深呼吸，讓自己的心安靜下來。

以「我記得……」來開頭，也可以參考「與自我連結」的舉例，選自己喜歡的書寫句子當開頭。

提醒

· 讓你的手帶著你，一直往前。

· 感受此刻當下，內心有什麼浮現出來，就寫這個。

· 給自己大約十分鐘的時間書寫，筆不要停。

· 進入你的心，越書寫、越進入心裡面。

· 在約八分鐘左右的時間，寫「其實我想說的是……」當作開頭。

· 最後，還有什麼要寫給自己的？有什麼想對自己說的話，或者任何加油打氣的句子，都可以寫下來。

· 停筆，閉起眼睛，安靜下來，感受此刻。

在完成第一階段的書寫時，回顧一下剛剛的歷程，感受如何呢？（心理的感受？身體的感受？）

有記得放鬆與呼吸嗎？

記下任何的感悟與心得。

步驟3：閱讀。

第二階段，我們要針對剛才的書寫進行閱讀。

你可以拿另外一枝不同顏色的筆，讀著剛剛的文字。比較有感觸的地方可以畫下來，也可以標註此刻的想法或感受。

在這裡，一共要閱讀三次，在心中默讀給自己聽。完成後，閉起眼睛，安靜下來，感受此刻。

完成第二階段的體驗，張開眼睛，記下任何的感悟與心得。

步驟4：朗讀。

第三階段，我們要讀出聲音。自己說話的聲音，能夠讓你進入不同的感受層次，帶起新的覺知。

慢慢讀，且不必大聲朗誦，音量維持在自己能聽得到的即可。

打開你的心，把這階段當成與自己的內在對話，念給自己的內在小孩聽，同時，你也打開自己的耳朵，聽看看自己在說些什麼。

相同的，比較有感觸的地方可以用筆畫下來，也可以標註此刻的想法或感受。

朗讀完之後，閉起眼睛，安靜下來，感受此刻。並且觀察這三個階段有何不同感受？

完成第三階段的體驗，張開眼睛，記下任何的感悟與心得。

步驟5：分享。

如果你願意，可以與他人分享你的書寫。

可以是整體感受與心得，體領或發現。

可以是摘錄其中一小段，在你自己的同意下，選擇分享你想分享的。

可以是整篇，逐字念出來給另外一位信任的夥伴聽，對方就只是聆聽者。

分享完之後，閉起眼睛，安靜下來，感受此刻。

看看現在的自己，又有什麼不一樣了嗎？

....

　　可依照前面提及的通用問句進行自由聯想，再搭配以下「與自我連結」做引導，進行自由書寫與對話。

✎∽ 與自我連結 ∽✎

生命中哪些時刻，這樣的感受比較容易出現？

這樣的時刻，最靠近的一次是什麼呢？

曾經發生些什麼，你是如何幫忙自己找到資源呢？

可以用下列這些句子開頭：

我感謝……

我願意……

我可以……

我有能力……

當我……時，我可以找到資源支持自己……

我感受到現在的我……

我知道……

許多學習使用牌卡的朋友們都會問我這個問題：「有時候抽到某張卡，一點感覺都沒有，也覺得跟自己無關，這可以怎麼更好的幫助自己去做連結呢？」

　　我最推薦的就是「自由書寫」，尤其是在我教學工作坊中進行「自由書寫」已經行之有年，總是不斷突破學員「無感」的瓶頸，大家一寫就有感覺，真的是很神奇的歷程！

冰山對話之
覺察練習

走進自我內心中的冰山,探索水面下連自己也未曾發掘的層面。
整理自己覺知到的「意識層面」部分,展現更多「潛意識層面」要揭露的訊息。

適用時機

———

適用於想要走一下內在冰山歷程的時刻，好好連結自己內在底層的渴望時。

薩提爾女士在一九七二年的《家庭如何塑造人》一書中提過「冰山」一詞，她的學生約翰　貝曼博士，根據薩提爾對話脈絡，歸納並發展了冰山模式，此模式運用於與他人溝通，也能用於釐清自己。*

冰山水平面以上：事件及對應姿態。

對應姿態：在第2章提過，人們的應對姿態有四種基本類型，分別為指責型、討好型、超理智型、打岔型。

冰山水平面以下：分成六個區塊如下。

....

* ｜引用自李崇建《薩提爾的對話練習》。

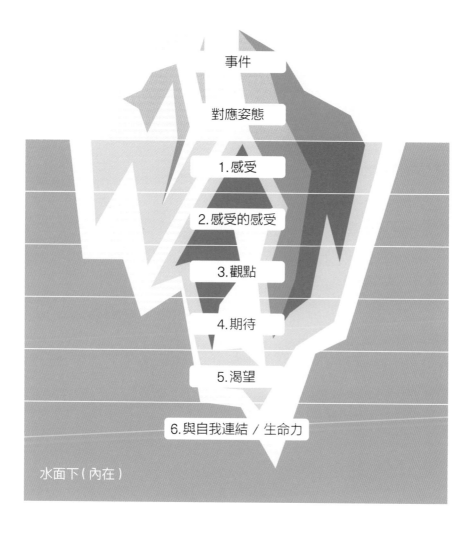

水面上 (外在)

事件

對應姿態

1.感受

2.感受的感受

3.觀點

4.期待

5.渴望

6.與自我連結／生命力

水面下 (內在)

1.感受：身體及心理的感受

2.感受的感受

3.觀點、想法、價值觀、信念

4.期待：對自己、對他人、對事件

5.渴望：被愛、被接納、自由、有意義

6.與自我連結／生命力：與靈性連結、真實一致展現、最底層的生命能量

指引10是帶著自己走一趟冰山水平面下的對話。

前面四個層次的提問，目的都是為了引導自己進入第5與第6層次，看見渴望並與自我連結、提升生命力。

使用方式

先選牌再抽牌，一前一後分別進行。

步驟1：找出一個主題事件，透過以上自我對話，進行第一輪的探
索，逐一寫下來，覺察一下冰山底下多層面的自己。

　・自己身體的感受、心理的感覺如何？如何感受這些情緒
　　的？（例：我覺得難過……）
　・我接納了這個情緒與感受嗎？對於這些感受的感受是什
　　麼？（例：當我看到我的難過，我其實是很沮喪的……）
　・我對這件事的觀點、想法是什麼？
　・我的期待是什麼？
　・我的渴望是什麼？
　・生命底層的自我又是什麼？（我是……）

如果你想要，可以進行「選牌」，把對應到剛剛對話的歷程
中的相關牌卡選出來。

步驟2：接著，第二輪，同一個事件，我們來嘗試透過「抽牌」進行
　　　探索。

　　　針對每一個問題抽一張牌卡，依照順序一張一張抽出來。

　　　把對話過程記錄下來。

　　　看看有什麼不同感受與啟發？

步驟3：觀察自己在前兩個的步驟所冒出來的訊息，對比一下，發現
　　　了些什麼呢？

　　步驟1是透過對自己好奇、帶出自我對話，把自己覺知到的「意
識層面」部分整理了出來。而步驟2則透過抽牌方式，讓更多未知的
「潛意識層面」要揭露的訊息展現出來，或許有更多原先沒有發現的
部分。

　　無論是哪一個步驟，都是為了連結自我、看見自己，通往自己
的內心。

自我照顧：
搭配珍愛卡

情緒療癒卡與珍愛卡的結合，
藉由分享、敘說，心就一點點的被打開，生命的各種可能性，也一點點的被發現。

珍愛卡*，是我在二〇一一年出版的作品，也是我第一號創作，自我照顧、探索內心、自我成長的牌卡。

這是一套用來「好好愛自己」的卡片，也是一套讓彼此的心能夠更靠近的工具。

藉由分享、敘說，心就一點點的被打開，生命的各種可能性，也一點點的被發現。

自己個人抽牌使用，能知道自己現在最需要什麼；給親友用，能深化談話，立即的交心。

老師拿來用，學生肯定會很愛你；助人工作者用，能大大地幫到個案。

透過卡片圖文，我們能發現「聚焦的主題」可以放在哪個面向上。

珍惜自己、愛自己出發，進而能珍惜身邊的情感、珍愛生命。

....

* ｜珍愛卡（二〇一一），左西心創藝出版。

使用方式

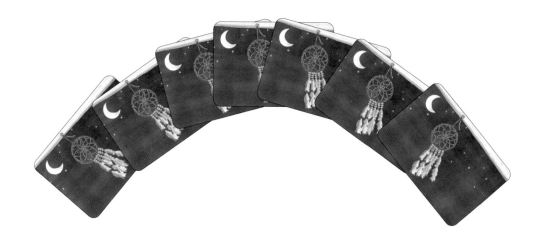

步驟1：在早晨時，安靜下來，做個深呼吸，抽一張珍愛卡，去感受
圖像與文字在說些什麼。

步驟2：問問自己，如果這是目前「需要照顧的部分」，這張卡帶給
你什麼訊息呢？

步驟 3：

　　拿出情緒療癒卡的「字卡」，抽出兩張，代表「需要關注的心情」，需要去照顧的感受，或者鼓勵你去探索這感受，帶給你什麼發現呢？

步驟4：

拿出情緒療癒卡的「圖卡」，抽出一張，代表「需要關注的情境」，需要去面對的議題、或者鼓勵你去往這方向練習，帶給你行動上的建議。

在自我療癒的歷程中，帶給我們驚喜的，永遠是對自己的新發現。

透過每一次的探索，更認識自己的生命，更深、更內在、更豐富、更擴展。

使用牌卡，工具真的就只是個工具，人才是最重要的關鍵。工具是引發我們好奇跟探索的重要媒材，是一種破冰與暖身的方式，我們心裡要很清楚，其實它不是最重要的。

是「我們的心，願意帶著這樣的陪伴和接住自己的意圖」這個部分和「工具」這兩者，一起共同協助我們打開自己的潛意識。

技巧不是重點，重點是覺察的心和穩定的心。

重點永遠是你內在的狀態，技巧是跟著你的心，而發展出來的工具。

使用工具的人是你，技巧永遠是跟著我們的心在做互動和回應的。

透過這些句子與自己對話，深呼吸，再感受一下：

　‧這些與自己的對話，可以帶我們去哪裡？

　‧提問的想法與意圖、感受？

　‧知道自己是如何與自己溝通的、自己都餵了些什麼句子給自己呢？

　練心，是練習安住當下、回到內心的穩定，而不只是練牌卡技術。終究我們還是得回到生命本質，讓自我的個人對話，也可以走得很深入。

Chapter

5

多人內心世界
大串連

前面章節，我們介紹了「自我對話」的單人版使用方式，用來覺察內心世界，與自我連結。

本章我們將介紹多人分享交流的小組版使用方法，透過與夥伴之間的互動，說、傾聽、看見彼此多元的觀點，不同的生命經驗與視角，帶來陪伴、互助及滋養的力量。

敘說本身，帶來改變的力量，在彼此之間創造出新的空間。

與自己過去的那個主角對話、與自己未來的那個自己對話、找出想要的可能性。

在不同時空交織，在皺摺的時間軸裡，拉出不同視野。

透過與夥伴之間對話，創造出新的理解，產生心理位移。

適用對象

家人、好友、聚會時的夥伴、課程與活動時的小組夥伴分享。

進行的默契與原則

・專注傾聽：這是最重要的，帶著「好奇」去聆聽小組夥伴的分享。

・尊重：不介入自己的價值觀與批判，更不要急著給出建議、或者替他人下結論。

・獨特：欣賞每個人都是獨一無二的生命經驗，看見每個觀點的美好之處。

・回饋：在聽完他人分享後，也可以回饋並疊加自己的看見。重點在於從中能看見彼此的相同與相異，擴大我們的覺知，不爭辯誰對誰錯，尊重彼此都有不同觀點。

・還原用語：聽到他人以某種用詞述說分享時，盡可能以該用詞去回應或提問，不隨意更改成自己的用詞。

主題字卡

用主題字卡輔以抽取圖卡來「聯想造句」。
在不同觀點的討論中，聆聽眾人截然不同的內在感受與想法。

目的

　　這項用法，協助我們從文字進入，開門見山「一看就知道要分享什麼」，比較容易聚焦方向，對於大部分的使用者來說，從字卡開始也是比較容易進行心理投射的。

使用方式1：依照想要的主題來選字卡

步驟1：在所有字卡當中，找出想要討論與分享的主題字卡（可以輪流選字卡，或是由帶領人來選）。所有夥伴先針對這個詞，各自進行心理投射：想到什麼？如果用一段話來描述，會造出什麼樣的句子呢？

步驟2：每個人抽一張圖卡，依照圖卡的畫面與剛剛抽出來的字卡進行「聯想造句」，想到什麼人或事件嗎？或者剛好與自己最近發生的事有關嗎？

步驟3：小組夥伴輪流分享，進行不同觀點的討論。同一個詞，引發
大家截然不同的內在感受與想法。

範例

以飄飄然爲例，可以用抽到的這張字卡各自做投射造句，像
是：「當我……時，我會覺得飄飄然。」

使用方式2：隨機抽字卡

步驟1：依照夥伴人數，每人抽一張「字卡」，放在小組中央，將字卡圍成一個圓圈。

例如在場有八個人，八位夥伴每個人都隨機抽一張字卡，同時一起抽出來，八張翻開後放在中間排成圓圈。

步驟2：每位夥伴輪流隨機抽一張「圖卡」，並以直覺判斷這張圖卡與中間圓圈中的哪個字卡最搭？聯想到什麼？是什麼讓你覺得這兩張最搭呢？分享一下自己的聯想，大家輪流一一分享。

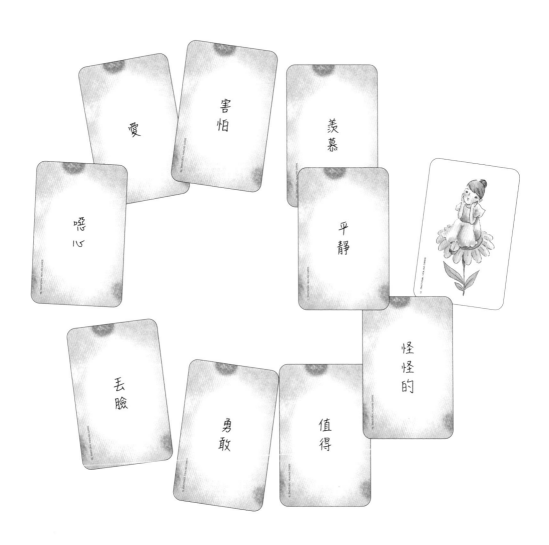

　　無論是選牌或抽牌，都會有機會遇到負向情緒字卡，例如抽到「失敗、痛苦、危險、受傷」等明顯負向的狀態。

　　以「失敗」為例，抽卡者常會因為看到這個字，就會問：「所以我做這件事會失敗嗎？」「這是在說我最近狀態是失敗的嗎？」（誤用成占卜模式。）

　　在這裡可以切入的部分是，幫助探索心中「害怕失敗」的議題，或「一直覺得自己會失敗」的自我打擊信念，而非真的會失敗的結果論！

　　因此，進行圖卡的投射造句時，可以往這幾個方向思考：

「我遇到失敗的經驗時，我會怎麼做？」

「失敗要給我的啟發是什麼？」

「我是如何面對失敗的？」

「可以如何避免自己走向失敗？」

用法
2

真心話

在抽取隨機字卡並輕鬆提問的過程中，增進相互了解。
可用於破冰暖身，凝聚小組夥伴的感情，拉近彼此距離。

目的

　　這用法是歡樂版的真心話，不僅可以破冰暖身，更可以凝聚小組夥伴的感情，拉近彼此距離。

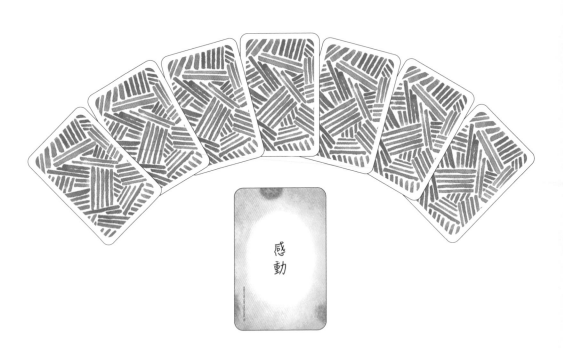

使用方式

步驟1：小組夥伴圍坐成一個圓，決定好從誰先開始抽第一張牌。

步驟2：第一位A隨機抽一張字卡，並且以這張字卡設計一個題目，
讓右手邊的這位夥伴B負責回答問題。負責回答的夥伴B，
在接收到題目後，可以選擇直接回答問題，或選擇隨機抽一
張圖卡來進行投射並做出回答。

範例

A在字卡中抽到「感動」，設計題目是「請問你最近一次什麼
時候有感動的感覺呢？」

或「當你覺得很感動的時候，會有什麼反應？」

或「對你來說，什麼事情會讓你最感動？」

或「你做過什麼事情讓誰很感動的嗎？別人做過什麼事情讓
你很感動？」

步驟3：B分享結束之後，再抽一張字卡，並且以這張字卡設計一個
　　　題目，讓右手邊的那位夥伴C負責回答問題。依此類推。

用法
3

比手畫腳／
非語言訊息

透過角色扮演，體會情緒感受，
不僅能學習辨識情緒，也練習同理心、同時提升對情緒的覺察。

目的

這項用法，可以協助我們透過角色扮演，進入情緒之中，去體會情緒感受，不僅能學習辨識情緒，也練習同理心、同時提升對情緒的覺察。

使用方式 1

抽一張字卡，看著「字卡」上的文字，以聲音、肢體動作、表

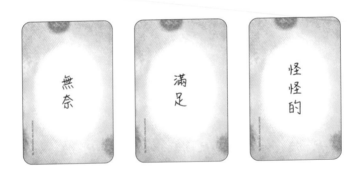

情、身體韻律、描述一段情境，來表達自己對字卡的感受和了解。（若是有說話、聲音或唱歌，不能有字卡上面的字詞出現。）讓其他夥伴猜一猜，剛剛扮演並表達出來的這個狀況，可能會是什麼情緒字詞呢？

使用方式2

隨機抽一張字卡，現場所有人都逐一嘗試表達並扮演這個情緒，進入感受去體驗這個情緒字詞，同時在結束後也可以分享剛才的體會，並說說「看到其他人表達這個感受」時自己有何感覺想法。

不
知
所
措

用法

4

正負思維翻轉

顛覆刻板印象,翻轉思維框架,更有機會看見每個人對事情的不同想法。

對於「去二元對立」的思維大有助益。

目的

　　我們很容易對於某一個字詞或畫面場景有固定的想法與定義，藉由這個用法，能夠顛覆我們對於某一張圖卡或字卡的刻板印象，翻轉思維框架，更有機會看見每個人對事情有其不同想法。同時，能夠在負面的情境中找到正向力量、在正面情境中也能看到不容易之處。我自己非常喜歡這個用法，時常練習能對於「去二元對立」的思維很有幫助。

使用方式 1：兩張圖卡

步驟1：抽出兩張圖卡，翻開後以自己的直覺分類「一張為正、一張為負」，正的放上面，負的放在下面。

步驟2：彼此分享為何上面的是正的、下方是負的，考量的分類理由是什麼。

步驟3：分享完後，原先的上下字卡位置「對調」，上面的卡是正向的位置、下面是負向的位置。

步驟4：對調後，分享一下，如果上面這一張圖現在是正的、下方是負的，可以怎麼詮釋呢？

使用方式2：兩張字卡

步驟1：字卡的使用方法也是一樣唷！可以抽兩張字卡試看看，字卡在腦力激盪上的難度更高！

步驟2：抽出兩張字卡，翻開後以自己的直覺分類「一張為正、一張為負」，正的放上面，負的放在下面。

步驟3：在這裡可能會出現一個狀況「抽卡者會認為兩張字卡都是負向的」，一樣請隨著直覺做判斷，一張比較稍微負向一點、一張可能沒有那麼負向，就把比較負向的放下方，另一張放上方即可！或「這兩張都很正向」的時候，把自己個人感覺比較正向多一點的放上面、正向少一點的放下面。

步驟4：與夥伴彼此分享為何上面的是正的、下方是負的，考量的分類理由是什麼。

步驟5：分享完後，原先的上下圖卡位置「對調」，上面的卡是正向的位置、下面是負向的位置。

步驟6：對調後，分享一下，如果上面這一張圖現在是正的、下方是負的，可以怎麼詮釋呢？

使用方式3：一張卡的整合

步驟1：只抽一張卡（圖卡與字卡的使用方式相同），詢問夥伴：你直覺認為這張卡給你的感覺是偏正向還是偏負向的？

步驟2：夥伴們彼此分享，看到的直覺感受與想法。

步驟3：接著直接翻轉視角：再次詢問夥伴，如果說這張卡從剛剛你說的正向變成負向（或是：這張卡從剛剛你說的負向變成正向），換成另一種感受了，你覺得是什麼呢？

牌卡類別介紹

以下是依照我自己的分類方式，將坊間大部分的牌卡類型群聚歸類，在這裡特別整理給大家參考。

類別一：潛意識投射卡

牌卡：OH卡系列聯想卡，包括OH卡（基本卡組，有圖卡與字卡的配搭組合）、伴侶卡、人像卡、因應卡、土著卡、英勇故事卡、東方神話卡、西洋神話卡、天方夜譚卡（1001卡）、抽象卡、自然環境卡、食物卡……等。

特色：無固定解釋的答案、無一定的牌義解譯。可依照圖像自由聯想做潛意識投射，詮釋權完全在抽卡者身上。

→協助引導對方看見與描述更多，自然就會把內心的故事、想法與感受慢慢地說出來。

→所以同一個人可能在不同的時間抽到同一張牌卡，有可能會因為當

時不同的感受而有不同的解釋。

使用時機：想要探索自我內在冰山下的底層、內心有什麼盲點、想知道更多潛意識層面的自己。也適用團體探索、大場合人數多的探索。

※可以是開放式或指定的問題，透過抽牌、解牌，得到訊息。

類別二：訊息卡

這類卡包含神諭卡，也是坊間最大宗的牌卡。

牌卡：宇宙挺你卡、睿智月神諭卡、獨角獸神諭卡、亞特蘭提斯神諭卡、觀音神諭卡、珍愛卡、彩虹卡、漣漪卡、貓咪狗狗智慧卡……等。

特色：因為訊息清楚易懂，是新手入門最容易上手的牌卡。卡片上有圖片以及主題名稱，當事人可以連結自己的近況，覺察當下的心境。當內在有不確定、懷疑或沮喪時，給予當事人鼓勵、肯定、支持、建議、提醒。

※是大部分助人工作者、輔導老師、社工人員最愛使用的牌卡。送禮自用兩相宜。

※生活中隨時都可以抽牌卡，與牌卡連結，獲得宇宙想要給予的訊息。

使用時機：澄清自己的想法，想要清楚某一種狀態和自己的內在感受、想法，給自己的鼓勵、建議和指引。

類別三：澄清卡

牌卡：生涯卡、愛情卡、能力強項卡、百變情緒卡、熱情渴望卡、夢

想實踐卡。

特色：釐清價值觀，幫助選擇與決定，包括生涯定向與關係互動，辨識情緒詞彙。

使用時機：學校裡的輔導工作或是在工作坊裡，協助個案釐清自己的想法、位置、生涯選擇、價值觀，甚至愛情的價值觀。可以透過牌卡去聚焦自己內在的想法，可以很清楚排列出自己的想法。這類的牌卡適合培訓，在企業內的生涯定向、職業選擇。

類別四：互動卡

牌卡：哇卡、悟卡、旅程對話卡（敘事治療問句）。

特色：牌卡（面）上會有許多問句，是包含敘事治療的問句在裡面，可以透過引導者提問，讓當事者或團體的成員有機會可以去說更多的想法，更加豐厚自己的生命故事。

使用時機：可以用來自我對話、自由書寫、關係中的對話與分享。重點在描述、敘說、分享的過程，慢慢疏理自己並獲得力量。

類別五：人格特質卡

牌卡：心靈原型卡、神聖契約盤（星盤十二宮位）、很角色天賦特質卡、馬雅卡。

特色：人物的設定——人格特色和人格分類。探索靈魂藍圖的設定與人格角色的扮演，同時反映出靈魂原型的光明面與陰影面。

使用時機：想要了解自己在人生當中的角色、能量狀態，包括在關係當中跟對方互動的過程。

類別六：創意激發卡

牌卡：說書人卡Dixit／桌遊系列。

特色：藉由團體成員的腦力激盪與分享看到的故事的過程。引發聯想與投射，趣味無窮，看圖述說自己的同時又能反映內心的寫照，變化多元。

使用時機：我喜歡把它拿來當投射卡用，與OH卡系列一樣的用法，非常呼應自己內心的畫面呢！

類別七：塔羅牌

牌卡：塔羅牌（偉特、托特、馬賽三大系列）。

特色：由二十二張主牌與五十六張副牌，共七十八張固定張數與牌義組成，依循著經典原本傳承的故事，反映人生必須要去學習的大阿爾卡納主牌的功課，還有五十六張小阿爾卡納副牌四個不同的元素的學習課題。因為有固定的牌義，所以抽牌的訊息非常準確切入核心。

使用時機：有明確的問題想要知道、探問的時候。

淨化工具

聖木、鼠尾草、線香或(檀)香粉

燃燒後取其「煙」的部分去淨化帶走空間裡不適合的頻率,也可以淨化自己。燃燒聖木、鼠尾草……這些淨化,盡可能打開門窗,因為這些煙霧會把需要淨化的能量流動出去(這些灰燼有些還是殘存需要淨化的能量)。

敲砵

以聲音的敲砵方式也可以淨化空間,逆時針走,四個方位各敲一下繞一圈。如果在一些不適合點香的地方,使用砵或是空間噴霧是比較適合的方式。淨化是逆時針,如果要打開一個空間,就用順時間。所以先逆後順。如果有用精油,水氧機或擴香儀也是很好的方式。

四安生活的能量爐與盤香

　　我最常使用四安生活的浴粉，用來拖地、淨化家裡空間與教室的地板。因為空間裡的各種能量會落到地面上，定期以浴粉拖地，讓我們在空間中走動時也能有更好的清淨品質。也可泡腳或泡澡，讓全身的穢氣經由腳底的湧泉穴排出。

精油、噴霧等香氛

　　如果今天想要給出的能量是很放鬆的，可以點（噴）薰衣草；若想更接地的感覺，可以選廣藿香或土元素的精油。我最喜歡使用Aura-soma靈性彩油系列的保護靈氣／波曼德、大師系列／師父精華。例如綠色能量，可以讓彼此的心與心加深連結，也可以同時帶出彼此的空間、界限。當個案是來談情感的困擾，跟愛的能量有關，希望帶給他更多愛的支持與滋養，就用粉紅色。如果需要更有力量，更落地，就用紅色。你發現他一直卡在頭腦，沒有行動力的落實與突破，就用紅色，可以協助他紮根，更有行動力，更連結在目前的生活裡面。如果需要更多自信、信心、力量，就可以用黃色或金黃色（也是招財的顏色）。當一個人更有信心，對自己更堅定，有勇氣，自然財運就會好。

　　如果你單純是想要自己的解讀可以更順暢、有創意，可以用藍綠色。我也偏好藍綠色，因為它是連結亞特蘭提斯的能量。在脈輪系統中，藍綠色就位在第四和第五脈輪的中間，這是一個跟著心來表達的訊息，也是我偏愛藍綠色的原因。

更多關於保護靈氣／波曼德的不同顏色介紹，會在後面詳述。

保護靈氣／波曼德

　　波曼德的名稱是「保護靈氣」，主要的功能是增強環繞在身體周遭的能量場，引導正面能量和訊息，並保護自己與他人。

　　保護靈氣可以每日淨化能量，讓我們每一天的生活維持正面的動機，面對脆弱敏感時，能加以保護，對於渴望能有正面思維。

　　此系列每次使用可以維持兩到三小時左右，可以依照個人不同的心情、狀況與感覺去作顏色的選擇與使用，針對當下不同的需求，適合的保護靈氣可舒緩並調和我們混亂偏離的情緒，回歸受保護的安然自在！

保護靈氣攜帶瓶使用方式

1. 滴三滴在左手掌心，將雙手合掌並輕輕揉搓，讓色彩、水晶與藥草的能量釋放到空間中。

2. 想像這些能量向遙遠的天空延伸，讓我們整個人與所在空間都充滿這個顏色的能量。伸開手臂，掌心朝上，送上祈禱與感謝：可以向你的信仰，或是整個宇宙與色彩天使發出深深的敬意與感激。

3. 我們將雙手擺在頭頂上方停留一會，讓能量由上而下慢慢進入我們每個細胞，雙手再來到我們後腦勺的地方，輕輕地刷一刷，清理我們的過往。

4. 雙手來到太陽穴的地方，打開我們覺知的大門，再慢慢往下清理眉心輪。雙掌在頂輪合十，有意識的整合二元與對立，同時把整合的頻率沿著身體中線帶下來，來到喉輪的地方雙手打開清一清，再往下到我們的心輪

稍作停留。

5. 往下刷一刷我們的太陽神經叢、臍輪、海底輪、雙腳，而後手心朝下感謝，去連結我們的大地之心，感謝大地母親給予我們滋養與淨化！

6. 最後，我們將能量捧起來，來到鼻子前，做三次深呼吸，將這個顏色能量吸入並擴展到全身。想像自己完全吸收保護靈氣／波曼德的四十九種藥草以及其顏色。想像它帶來保護或清潔以及正面的能量。

　　如果感覺刷一次不夠，可以再刷一到兩次加強，依循你內在的指引。

十七種保護靈氣的含義與功效

◇白色（White）：淨化、轉化能量（萬用）

　·香氣：藥草味

　·主要成分：千層樹、加州月桂、月桂樹

　·寶石能量：玫瑰色的半寶石、石英石、透明石膏

　·身體部位：喉輪和整個身體

　·特有的品質：它包含了整個「彩虹色彩」，保護整個電磁場，適合每天使用。所有的保護靈氣都有保護電磁場的功能，而這一瓶尤其有效，在一般生活裡使用也有助益。具幫助淨化治療用的水晶。在前世治療裡，它幫助你與土耳其和中東的化身取得連結。可以滴三滴在房間的四個角落，帶來純淨之光。

　　白色的保護靈氣，包含了均等平衡的四十九種植物精華液，能夠有效的清潔、淨化及保護人體電磁場，適合每天使用。白色保護靈氣最適合用來幫助淨化個人脈輪能量、彩油與水晶，能夠更加清晰明亮，也可以滴在

空間角落，或滴在水氧機中，爲空間帶來純淨的能量。

◆粉色（Pink）：帶來愛的能量

　·香氣：花香、甜味

　·主要成分：玫瑰天竺葵

　·寶石能量：玫瑰石英石、玫瑰電氣石、玫瑰色的半寶石（摩根石）

　·身體部位：海底輪、心輪

　·特有的品質：保護那些正敞開自己而迎向愛與溫暖的人，因爲在這時候人往往會變得比較容易受傷。它保護你免於受到傷害，同時也保護你免於針對你而來的侵犯。它也幫助你能給予和接受溫暖與溫柔。解除頭骨和薦骨之間的壓迫感；所以對頭薦骨的治療尤其有效。帶給團體和個人各個層面的放鬆感。如果在腦海中觀想著這瓶保護靈氣的顏色，將會幫助提高它的功效。它適用於一般的前世治療工作，同時幫助解除關係中固定的模式、與動物以及植物做連結。

　　粉紅色的保護靈氣，讓我們感受到「接納」的氛圍與被「無條件的愛」包圍，幫助我們帶出內在最好的一面。當我們出現批判與自我否定的課題時，爲我們注入溫暖的愛與關懷。粉紅色保護靈氣非常適合在「團體工作」或「會議開始」之前使用，創造空間中彼此愛的流動。

◆深紅色（Deep Red）：激發工作能量、落地的力量

　·香氣：森林味、泥土香味、天然香料味

　·主要成分：西洋杉、月桂

　·寶石能量：柘榴石、紅寶石、草莓色石英石、赤鐵礦

·身體部位：骨骼的結構、海底輪

·功效：尤其適用於處理壓力的問題。在所有靈性彩油產品中，它最能幫助你著根於地、給你活力和最佳的保護。適合在靜心之後使用。

·特有的品質：保護你免於大地能量的負面影響。另一方面，幫助你更敏銳地感受到大地的能量。平衡身體內電磁場的兩極。使海底輪得以和諧。在儀式和神聖舞蹈中提供保護。也保護那些用水晶來作治療工作或運用水晶在其它領域的人。當體力已耗竭時，它可以協助你。也適用於其它原因的體力耗竭狀態。可能會有引發性慾的效果。活絡右腦，帶給你深度的女性直覺力。解除對生存問題的恐懼（例如：金錢）。減輕所有類型的恐懼。幫助消除青少年期的喧鬧現象。

深紅色的保護靈氣，當感到能量耗盡、疲勞或身體用藥耗損時，提供強力保護且回復身體能量平衡。與紅色保護靈氣一樣，也適合在靜心或療癒過程後使用，協助提振活力精神，將個人生活工作目標更好的落實。深紅色保護靈氣也有助於減少對生存課題，如金錢、健康的恐懼的憂慮。

◆紅色（Red）：激發工作能量、提振精神

·香氣：水果味、天然香料味、泥土香味

·主要成分：檀香木、月桂、康乃馨

·寶石能量：柘榴石、紅寶石

·身體的部位：除了在這裡所提到的功用之外，它同時具有和深紅色保護靈氣一樣的功能。深紅色瓶在極端情況中使用尤其有助益；而紅色則較適用於俗世的狀況。

·特有的品質：幫助你解除由憤恨或憎惡而來的負面影響（對自己或他

人）。幫助你在過度的性行為之後或想像過多有關性的事物之後恢復和諧感。（紅色保護靈氣的功能是在平衡能量多於處理身體層面）。尤其是當不夠根著於大地時，可以克服過度激進的情感。幫助不敢對心儀之人表達愛意的人減輕害羞感。

　　紅色的保護靈氣，讓身體以溫和且和緩的方式回復能量平衡。適合在靜心或療癒過程後使用，協助我們在每天日常生活中提振活力精神，將個人生活工作目標更好的落實。紅色保護靈氣也有助於克服失望或害羞感。

◆珊瑚色（Coral）：適用於靜心、學習以新的方式去愛
　·香氣：水果味、天然香料味（清新）
　·主要成分：柑橘、肉桂
　·寶石能量：黃玉、方解石、日長石、虎眼石、碧玉
　·身體部位：臍輪、丹田
　·特有的品質：幫助我們學習如何以新的方式去愛和關心，是一種喚醒的能量。療癒無報償的愛方面的問題，尤其是療癒自己。用來「愛自己最困難愛的部分」，並感覺那些部分如何回應。有助於以喜悅的心情接受我們的責任而不是以艱難困苦的心情。也用來愛我們的恐懼發生當下的同步性。它可以治療「時間線」。「時間線」是意識從開始到結束的連續性。每一次的驚嚇或每一個事件就會在線上形成一個點或一個波浪。時間線的扭曲是因為各種形式的干擾會影響時間線而減少同步性。經由整合這些事件或驚嚇，更多的同步性是有可能重新恢復的。這個同樣也可以應用於橘色保護靈氣。
　　珊瑚色的保護靈氣，是一種喚醒的能量。能夠療癒沒有回報的愛，特

別是療癒自己，用來愛自己最困難愛的部分，注入喜悅的心情幫助我們學習如何以新的方式去愛。同時這一瓶也對於「療癒時間線」與「高山症」有所幫助。

◆橘色（Orange）：適用於容易緊張或易受到驚嚇的人

　　·香氣：水果味、天然香料味、清新味道

　　·主要成分：柑、肉桂

　　·寶石能量：黃玉、方解石、日長石、虎眼石、碧玉

　　·身體的部位：丹田

　　·功效：激發生命力。治療靈妙體。幫助各層面的人格狀態心靈的、心理的、情感的以及身體的用來解除舊有的驚嚇。幫助消除依賴、互相依賴和上癮的問題。

　　·特有的品質：這瓶保護靈氣適用於療癒前世。保護使用者和治療師，並能幫助他們開啟回憶過去之門。透過使用這一瓶，將幫助你免於早年創傷之記憶的負面影響；而儲存在記憶中對目前有用的訊息，都將會清楚地顯現。幫助封閉乙太體的裂縫。解脫被世俗所束縛的一切。幫助那些對運用工業儀器有困難的人可放鬆地接觸它們。有助化解深層的恐懼。讓有歇斯底里傾向的人變得客觀和清楚。減少喜歡干涉他人的傾向。適用於處理在前世治療裡出現的所有重大驚嚇。同時也幫助處理存在於更早期化身當中的依賴和互相依賴的關係，而這些關係中的問題依然存在，目前必須解決。

　　橘色的保護靈氣，與我們的乙太體有關，開啟我們回想過去，出現早年創傷記憶，感受到負面情緒影響時，協助化解深層的恐懼，帶來新的洞

見。這一瓶特別能夠幫助到孩子出現尿床或惡夢時，能處理記憶中的驚嚇經驗，給予保護。

◇金黃色（Gold）：增加智慧與自信、適合考生使用

　·香氣：花香味、水果味、森林味

　·主要成分：薄荷

　·寶石能量：琥珀、黃金、黃水晶、紅鋅礦

　·身體的部位：影響丹田和胃輪

　·特有的品質：促使與生俱來的智慧得以顯現，和與自己的本能做更深的連結，同時也與「內在導引」取得連結。有助於將過去的智慧帶進意識層面，和了解過去的教訓。激發靈性上的謙遜。

　　金黃色的保護靈氣，當感受到「非理性的恐懼」時，或與同儕相處合作，看不見自己的價值感時，能幫助平復舒緩太陽神經叢的緊張情緒，連結內在的智慧與自信。金黃色保護靈氣，非常適合在「考試」前極度焦慮時使用，協助學習能量的吸收，並打破慣性情緒的模式。

◇黃色（Yellow）：增加喜悅、戒掉上癮、適合考生

　·香氣：水果味、檸檬味，森林味

　·主要成分：香茅、檀香木、檸檬草

　·寶石能量：琥珀、氟石、黃石英、黃玉、黃水晶

　·身體部位：胃輪

　·特有的品質：平衡胃輪。激發與生俱來的知識。幫助你透過呼吸和呼吸的過程中獲得更多的能量。帶來感官的喜悅感也就是說喚醒經由感官而

來的喜悅（嗅覺、觸覺、味覺等）。適用於精神沮喪和季節性的低潮（尤其在冬季）。幫助克服非理性的恐懼和緊張。能在戒煙、酒、咖啡和甜食等的過程中支持你突破慣性。

黃色的保護靈氣，帶來「陽光」、「喜悅」的氛圍，當感受到壓力大時，幫助平復緊張與焦慮的情緒，當感受到憂鬱低潮時，帶來開心放鬆的能量。當需要戒除除煙、酒、咖啡和甜食的依賴時，能協助支持自己突破慣性。黃色保護靈氣也非常適合在「考試」前使用，為學習注入正面思考與激發自信。

◆橄欖綠色（Olive Green）：老闆、直覺領導力、管理者必備（特別是女性主管）

　　·香氣：清新味，像藥草和森林

　　·主要成分：喜馬拉亞松木、薰衣草

　　·寶石能量：綠簾石、玉、水砷鋅礦

　　·身體的部位：心輪

　　·特有的品質：適用於處在十字路口的人，同時也適用於所有做決定的過程。激發自我認知能力；幫助找出適合自己正確的道路而不是生活在他人的真理中。導引出女性領導能力的品質和強化自我認定，在情感層面也一樣。

橄欖綠色的保護靈氣，鼓勵我們把心打開，把智慧帶入內心，發自內心引導出女性領導合作而非競爭。這一瓶也特別適用於處在十字路口的人或需要做決定時，協助我們找到自己的道路。對於空間的課題，如幽閉恐懼症，也有所助益。

◇翠綠色（Emerald Green）：適合諮詢個案工作時、開店與正在展店的老闆們

　　·香氣：藥草味、像溫暖的森林

　　·主要成分：迷迭香、蘇格蘭松木

　　·寶石能量：孔雀石、天然綠色玻璃、翡翠

　　·身體的部位：心輪功效，使你感覺平靜、歸於中心和平衡。

　　·特有的品質：讓你感覺有充分的空間和時間，同時也讓你感受到這個時間與空間是安全和被尊重的。在做決定的過程中支持你。鼓勵你展現新的人生觀。使你找到自己內在的想法和觀念，以便更能為它負責和正視它。在做個案之前，它能使治療師更專注於自己內在的空間，使個案不會過度地接近他。支持各類型的呼吸治療工作。對氣喘和支氣管炎有助益。幫助你與大自然連結，尤其是樹木。

　　·特有品質：翠綠色的保護靈氣，讓我們回到內在的寧靜，對於心輪很有幫助，心輪是所有能量中心的核心，主旨是「愛與生命力」。讓我們有充分的空間與時間，感受自己是被尊重且安全的。它也幫助我們在做決定中被支持，讓你的心開放和諧的運作，散發出溫暖與同理心，並提供清晰的方向與廣闊的視野，去接納人事物不同的面向。特別適合在「個案」工作前使用，把平靜與平衡帶進空間中。

◇藍綠色（Turquoise）：提升創意與創造力、資訊或媒體工作人員

　　·香氣：甜味、天然香料味、清新味

　　·主要成分：西洋杉

　　·寶石能量：水藍寶石

· 身體的部位：心輪和頂輪

· 功效：幫助與感覺做連結並增進表達能力。

· 特有的品質：適用於為媒體工作的人，包括幕後工作者，例如技術人員。化解卡住的創造力和消除對舞台的恐懼。幫助你學習外語和幫助那些原本已懂得某種外語但卻羞於表達的人們。支持從事新工業技術的工作者，幫助降低從工作中所產生的自卑感。同時也幫助你能接觸到未來的訊息和與「內在導引」取得連結。

藍綠色的保護靈氣，可以釋放我們的創造力，鼓勵發自內心的溝通，特別適用於廣播、電視、演講等工作者，有助於上台的怯場或對於舞台的恐懼。對於學習語言時或平時羞於表達的人，這一瓶能夠增進表達的順暢。

◆蔚藍色／天藍色（Sapphire Blue）：適用於靜心時的保護、提升溝通能力

· 香氣：甜味

· 主要成分：西洋杉、沒藥、山谷中的百合花

· 寶石能量：水藍寶石、藍瑪瑙、青玉

· 身體的部位：喉輪

· 特有的品質：這是最適合在靜心時作為保護磁場的保護靈氣。針對保護、緩和及助長對自己和對他人的寬容。激發靈感和信任內在導引。增強身體和情感的抵抗力（意思是它會保護身體和靈魂免於受到傷害）。幫助你應付面對權威人士時所產生的困難問題。可以減輕生死轉化時刻極端的痛苦。保護通靈人士。

蔚藍色的保護靈氣就像是一個保護網，協助我們情緒的平和、平靜，

不再緊捉或抗拒情緒，當處在靜不下來時，或面對與權威人士溝通產生困難時，可以給予「保護」、「滋養」、「平靜」的品質。藍色保護靈氣最適合在「靜坐」、「靜心」前使用，提供保護磁場的作用，並且帶來內在的平靜。

◆寶藍色（Royal Blue）：適用於靜心、出入環境磁場較差時、避邪

　·香氣：甜味

　·主要成分：山谷中的百合花、藍色的甘菊

　·寶石能量：氟石、青金石

　·身體的部位：松果腺和第三眼

　·功效：增強感官很深的覺知力（透過眼、耳等……）。

　·特有的品質：幫助解除極端被孤立的感覺。打通想像和直覺能力的管道以及發揮憐憫心和同理心的能力。幫助激發情感面的成長。增加對音樂的享受感。幫助你進入第三眼的通靈能力，這個領域和前世經驗有關。同時也幫助那些已獲得前世化身的資料，但在連結上有困難的人。

　　寶藍色的保護靈氣，連結眉心輪與第三眼的位置，協助我們擴大感官的感受，同時提升對藝術與音樂的感受樂趣，打開想像和直覺力，連結更高層次的意識發展，如靈視力、心電感應等。當陷入很深的黑暗或沮喪時，這一瓶帶來保護內在的和平，走出內在孤寂，迎向光明創造。特別適合從事唱誦或聲音相關工作者，提升敏感度。

◆紫色（Violet）：增加智慧、適用於能量轉化與切換

　·香氣：紫羅蘭

　·主要成分：紫羅蘭、玫瑰、玫瑰天竺葵、薰衣草

· 寶石能量：紫水晶、鑽石、石英石

· 身體的部位：頂輪

· 功效：使思考過程順暢。讓你更尊重自己和他人。帶給你平靜。減輕頭痛和偏頭痛。

· 特有的品質：幫助海底輪與頂輪做連結。克服所有層面的限制，並鬆開被束縛的部分。提高覺知的能力、解除厭煩的感覺，並提供新經驗的管道，以及在日常生活中對美感和新鮮事的察覺。在前世治療裡，幫助你與累世的各種靈性經驗取得連結。

紫色的保護靈氣，帶來鎮靜的效果，特別是頭部能量過多時，幫助平衡左右腦，釋放深層的悲傷，轉化負面能量，打開更高的覺知感受，找回平和與穩定。特別適合在冥想或療癒工作中，幫助我們深入內在與靈性連結，平衡內在陰陽的能量。

◆深紫紅色（Deep Magenta）：強化當下的覺知與注意力、帶來更深的靜心品質、適用於照顧者

· 香氣：水果味

· 主要成分：薰衣草、乳香精油

· 寶石能量：柘榴石、紅寶石、舒俱來石

· 身體的部位：整個身體，所有的脈輪，包括「第八脈輪」

· 功效：讓你達到自我實現的狀態和覺知人生的使命。（在「第八個能量中心」裡，也就是位於頭頂之上六吋／身體之外的能量中心；在這裡裝載著顯示個人潛力的藍圖。這一瓶可以觸及這個領域。）

· 特有的品質：促使本能和理性完全一致。幫助你將注意力放在生活中

的大小事情和任務上，並處處以愛心做每一件事。指點出你做什麼和如何去做是同等的重要。帶給你對品質的覺知，以及對事情各個層面的了解。在沮喪之後幫助你恢復正常，並增強沮喪恢復之後正向能量的流通和給予保護的作用。幫助深入大自然。促使你到達更深的靜心境界。在靜心之後，這一瓶會幫助整合那些超越語言所能表達的經驗。讓你清楚自己舊有的家庭模式，並發展出個人處世的新方法。

深紫紅色的保護靈氣，幫助我們把注意力放在生活中的大小事情和任務上，在每件事中都有愛與關懷的支持在。這一瓶最適合照顧者使用，當我們把能力都給予他人，而自己也需要接受關懷與照顧時，它能輕柔地提供我們所需要的能量，帶著愛的品質來處理日常的生活細節，保持專注並給予支持滋養。

◆紫紅色（Magenta）：感受更神性的愛、關注微小的幸福無所不在

紫紅色保護靈氣誕生於二〇一六年六月二十一日這個吉祥的日子，這天接近北半球的夏至，在南半球則是隆冬。這點認知的重要性在於：這時在我們原產地農場上有大量的活動，脈輪的流動路徑經過重整，我們在中心池塘旁的大型雕塑周圍投入了更多的粉晶，此外，我們致力於馬雅銀河生命樹的關注，將其置於第八脈輪、皇冠之上。伴隨這些事件對全球及當地兩方面的意義是：在紫紅色保護靈氣誕生的這個日子，我感應到熱切且深刻的同步性。

在Aura-Soma體系中，「由上而下的愛」和「對小事物的愛」差不多是一體兩面的同義詞，兩者皆強烈連結紫紅色能量。

愛不僅只是解答，也是我們療癒的關鍵之鑰。

倘若我們不愛自己，那我們怎麼有機會相互關懷？首先要記得誰最需要我們付出愛，如同我們首次沉浸在紫紅色的光線中，如果感覺對了，我會建議當你首次將紫紅色光線引進你的心田時，發自你的內在之心說：「正如我對自己、為自己提供的這個神聖物質，我愛我自己、並感受到由上而下的愛。」

　　紫紅色的保護靈氣，帶入更多對傷痛的覺察，激發我們對自己有更多的愛與慈悲，並感受上天的愛，當能夠關注照顧自己，愛滿溢了，能量自然而然能擴展到其他人。

◇淡珊瑚色（Pale Coral）：在關係中合作，提升自我接受、仁慈善待自己
　　淡珊瑚色能保護我們的靈性體，讓我們在靈性蛻變中獲得深層的喜悅和釋放，並向世界展現出你的愛與智慧。當然要做到這一點，我們必須先無條件接納自己，並在覺醒的旅途中與之同歡，與信念一致的人們一同邁向共同目標。

　　淡珊瑚色能協助我們去愛一直關注負向的那個自己，我們可以對自己多一些關愛與仁慈。每當我們只意識到自己缺乏愛的部分時，當事情一有變遷，我們往往從中學習到的都是負面經驗。

　　隨著淡珊瑚色的出現，這股能量就像日蝕般喚醒我們。日蝕是提醒我們重新聚焦在，如何將陰暗轉變成光。它提供了一個機會讓我們明瞭，當我們在恐懼中行動時，只會導致有更多恐懼的能量被創造出。試著去愛上我們的恐懼，整合那些被封鎖在恐懼中的能量。淡珊瑚色幫助我們去邁出出下一步：「釋放不求回報的愛、釋放掉恐懼」。日蝕是宇宙的智慧，讓我們注意到日常生活中需要被改變的地方，它能帶來真理的光芒，並照亮我

們生活中的感動。

　　淡珊瑚色的保護靈氣，幫助我們從內在覺醒，去看見自己如何與別人的計畫有關連性，更好的採取每個人的特長優勢共同合作。同時，帶著一份同理心的品質，幫助我們更打開心房，站在他人的觀點看事情，了解他人需求給予付出，增進人與人的相處。我們能夠看見關係中的支持、溫暖，在關係中互相照顧依存。

◆萊姆綠色（Lime Green Pomander）：輕鬆感、空間感、對生命的新喜悅感、對存在的新熱情

　　萊姆綠保護靈氣為我們帶來一種輕鬆感、空間感、對生命的新喜悅感、一種對存在的新熱情。讓我們能夠放下抓著不放的那一刻，並真正地活在當下、感受當下。

　　它的到來提醒我們與自然節奏同調的重要性。這是播種和種植的最佳時機，誕生於金牛座的滿月，強調了我們與地球的聯繫。在「霜月」期間的近月全食，鼓勵我們承認陰影，即使處在陰影、困難和黑暗之中，也有令人驚喜的曙光即將破曉。迎接新的開始，培育內在光的種子，根植於希望之光與豐富生活的可能性。

　　這瓶保護靈氣濃郁的柑橘香味讓人想起春天，清新的水果調、清新的香味穿過灰色的天空，將陽光迎入我們的生活。它能修復精細微能量場，為身體的電磁場帶來更新的能量。

【參考資料】

《Aura-Soma 靈性彩油全書》

https://www.juicybuy.net/product/the-aura-soma-sourcebook/

《靈性彩油-透過顏色‧植物‧和水晶能量的療法》

https://www.juicybuy.net/product/aura-soma-book/

用情緒療癒卡喚醒拯救自己的內在力量

投射潛意識，聚焦情緒，重新遇見自己的 10 道指引

作者 ——— 陳盈君
封面設計 —— 敘事
內頁設計 —— 敘事
責任編輯 —— 劉文琪

出版發行 —— 左西心創藝有限公司
　　　　　　台中市西屯區龍富路五段 368 號
　　　　　　(04) 2251-4268
　　　　　　https://www.juicybuy.net
　　　　　　mail@juicyeasy.com

總經銷 ——— 高寶書版集團
　　　　　　臺北市內湖區洲子街 88 號 3 樓
　　　　　　電話：(02)2799-2788
　　　　　　傳真：(02) 2799-0909

2022 年 5 月初版首刷

ISBN ——— 978-986-0626520
定價 ——— 520 元

國家圖書館出版品預行編目 (CIP) 資料

用情緒療癒卡喚醒拯救自己的內在力量 : 投射潛意識，
聚焦情緒，重新遇見自己的 10 道指引 / 陳盈君著 . --
初版 . -- 臺中市 : 左西心創藝有限公司 , 2022.05
面；　公分

ISBN 978-986-06265-2-0(平裝)

1.CST: 心理治療 2.CST: 心理諮商

178.8　　　　111006095